贯彻落实省委"1310"具体部署系列丛书

"百千万工程"

把短板变成潜力板的广东打法

中共广东省委党校(广东行政学院) 编

陈晓运 林先扬 主编

SPM 南方传媒 广东人民出版社
·广州·

图书在版编目（CIP）数据

"百千万工程"：把短板变成潜力板的广东打法／中共广东省委党校（广东行政学院）编；陈晓运，林先扬主编. —广州：广东人民出版社，2024.5（2025.3 重印）

ISBN 978-7-218-17575-1

Ⅰ. ①百… Ⅱ. ①中… ②陈… ③林… Ⅲ. ①农村经济建设—研究—广东 Ⅳ. ①F327.65

中国国家版本馆 CIP 数据核字（2024）第 095802 号

"BAIQIANWAN GONGCHENG"：BA DUANBAN BIANCHENG QIANLIBAN DE GUANGDONG DAFA

"百千万工程"：把短板变成潜力板的广东打法

中共广东省委党校（广东行政学院）　编

陈晓运　林先扬　主编

出 版 人：肖风华

出版统筹：卢雪华

责任编辑：伍茗欣　舒　集

责任校对：吴丽平

装帧设计：样本工作室

责任技编：吴彦斌　赖远军

出版发行：广东人民出版社

地　　址：广州市越秀区大沙头四马路 10 号（邮政编码：510199）

电　　话：(020) 85716809（总编室）

传　　真：(020) 83289585

网　　址：http://www.gdpph.com

印　　刷：广州市豪威彩色印务有限公司

开　　本：787mm×1092mm　1/16

印　　张：15　**字　　数**：230 千

版　　次：2024 年 5 月第 1 版

印　　次：2025 年 3 月第 2 次印刷

定　　价：58.00 元

编委会

主　任：蒋达勇

副主任：刘　朋

成　员：潘向阳　林盛根　许德友

目　录
CONTENTS

1

中篇 地方实践

下篇　经验借鉴

导　论

推进中国式现代化，是一项前无古人的开创性事业。党的十八大以来，我们党在已有基础上继续前进，不断实现理论和实践上的创新突破，成功推进和拓展了中国式现代化。迈向新征程，我们党将"以中国式现代化全面推进中华民族伟大复兴"提上最重要的日程。全面学习、全面把握、全面落实党的二十大精神，深刻领悟"两个确立"的决定性意义，增强"四个意识"、坚定"四个自信"、做到"两个维护"，努力在新征程上开创党和国家事业发展新局面，必须推进书写中国式现代化的新篇章。

共同富裕是中国式现代化的本质特征，是全体人民共同富裕，是人民群众物质生活和精神生活都富裕。共同富裕既是一个不可能一蹴而就的长远目标，也是广大人民群众的普遍期待，既急不得，也等不得。习近平总书记强调："现在，我们正在向第二个百年奋斗目标迈进。适应我国社会主要矛盾的变化，更好满足人民日益增长的美好生活需要，必须把促进全体人民共同富裕作为为人民谋幸福的着力点，不断夯实党长期执政基础。"①

城乡区域协调发展是实现共同富裕的必然要求。中国有 960 万平方千米国土、56 个民族、14 亿多人口，疆域辽阔、人口众多，面对城乡区域发展不平衡不充分问题。党的十八大以来，以习近平同志为核心的党中央持续推动城乡区域协调发展的理论创新、制度创新和实践创新，不断提升城乡区域发展协调性，持续缩小地区差距、城乡差距

---

① 习近平：《扎实推动共同富裕》，《求是》2021 年第 20 期。

和收入差距，推进中国式现代化建设成果更多惠及全体人民，夯实共同富裕的经济基础、政治基础和社会基础。党的二十大擘画中国式现代化宏伟蓝图，其中一个重要方面就是要促进共同富裕，解决城乡区域发展不平衡问题。

党的十八大以来，习近平总书记高度重视广东，时刻关心广东，对广东高质量发展谆谆指引，殷切期望广东在城乡区域协调发展上先行一步，发挥示范引领作用。2018年习近平总书记视察广东时指出，城乡区域发展不平衡是广东高质量发展的最大短板，要求广东努力把短板变成"潜力板"，提高发展平衡性和协调性。[①] 2023年习近平总书记视察广东时强调，广东要发展，不仅要靠珠三角，粤北、粤东、粤西这些地区也要联动发展；要求广东下功夫解决区域发展不平衡问题，在促进城乡区域协调发展等方面继续走在全国前列，在推进中国式现代化建设中走在前列。[②]

中国特色社会主义进入新时代，广东牢记习近平总书记的殷殷嘱托、殷切期望，以习近平新时代中国特色社会主义思想为根本遵循，将坚持高质量发展作为新时代的硬道理，经济大省真正挑起大梁，稳中求进、以进促稳、先立后破，努力为高质量发展"打个样"，抓实抓细城乡区域协调发展工作。广东省委、省政府先后实施粤东西北地区振兴发展战略，构建"一核一带一区"区域发展格局，带动粤东西北交通区位条件明显改善，产业园区集聚效应增强，中心城区扩容提质有序推进，推动各区域产业发展与资源禀赋更加匹配，全省经济布局与资源环境承载能力更加协调，生态环境保护更加得到落实，经济发展与生态文明更加相辅相成。

党的二十大以来，广东省委学习借鉴浙江"千村示范、万村整治"

---

① 《高举新时代改革开放旗帜　把改革开放不断推向深入》，《光明日报》2018年10月26日。

② 《坚定不移全面深化改革扩大高水平对外开放　在推进中国式现代化建设中走在前列》，《人民日报》2023年4月14日。

工程（以下简称"千万工程"）经验，立足广东122个县（市、区）、1609个乡镇（街道）、2.65万个行政村（社区），以及县域面积占全省的71.7%、县域常住人口占全省的28%、县域GDP仅占全省的12.5%、经济强县数量规模较少等实际，在广东省委十三届二次全会上审议通过了《中共广东省委关于实施"百县千镇万村高质量发展工程"促进城乡区域协调发展的决定》；广东省委十三届三次全会作出了"1310"具体部署，要求深入实施"百县千镇万村高质量发展工程"（以下简称"百千万工程"），在城乡区域协调发展上取得新突破；广东省委十三届四次全会强调统筹推进城乡融合和区域协调发展，坚持新型城镇化和乡村全面振兴有机结合、珠三角地区与粤东粤西粤北地区联动发展、陆海统筹相互支撑，推动"百千万工程"建设加力提速。

一段时间以来，广东省委学习运用"千万工程"经验，将"百千万工程"作为"头号工程"，以"最大力度"激活"最大潜力板"。自"百千万工程"实施至今，广东全省上下以时不我待的奋勇争先精神开拓创新，"施工图"已转化为南粤大地上的"实景画"。制定实施了"1+N+X"政策体系，将60项省级行政职权调整由市县实施，财政省直管县改革扩围至全部57个县（市），首批选取了22个县（市、区）、110个镇、1062个村（社区）打造典型示范。截至2023年底，推进了33个县域商业示范县建设，新增全国休闲农业重点县2个，112个镇入选全国千强镇；新增国家乡村振兴示范县3个，累计达7个，新增中国美丽休闲乡村10个，累计达62个；农村规模化供水工程覆盖率从78%提高到83%，惠及5200多万群众，新建和改造提升了农村公路6958千米，农村居民人均可支配收入增长6.5%，城乡居民收入比缩小至2.36∶1，开局交出了"高分答卷"。① 本书分为三个篇章予以呈现。

上篇呈现"百千万工程"的总体谋划。本篇包括六个部分：一是

---

① 《政府工作报告——2024年1月23日在广东省第十四届人民代表大会第二次会议上的讲话》，《南方日报》2024年1月27日。

阐述重大战略意义，讲清楚"百千万工程"有利于推进高质量发展这个首要任务、推进构建新发展格局这个战略任务、推进中国式现代化建设这个中心任务。二是阐述组织领导体系，讲清楚"百千万工程"顶格推动的领导决心、上下贯通的指挥体系、协同联动的组织机制。三是阐述政策部署体系，讲清楚"百千万工程"对接"国之大者""省之要事""民之关切"，形成"1+N+X"政策体系，以财政、金融、社会"三管齐下"强化资金保障，以县、镇、村"三级发力"强化土地保障，以县内县外"双向施策"强化人才保障，推进差异化、特色化、专业化发展。四是阐述帮扶协作体系，讲清楚"百千万工程"深入开展新型对口帮扶协作，推动帮扶协作实现市县两级全覆盖、强化"组团式"紧密型帮扶、单向帮扶转向合作共赢、"输血式"转向"造血式"帮扶。五是阐述社会联动体系，讲清楚"百千万工程"动员全社会参与，坚持走群众路线，发挥群众主体作用，利用好国有企事业单位、群团组织、社会组织等各方面优势和力量，形成全省上下的自觉行动。六是阐述考核评价体系，讲清楚"百千万工程"坚持树立和践行正确政绩观，制定实施差异化发展目标，不片面比总量、比规模，更强调质量指标、人均指标、特色发展水平、基本公共服务能力、生态环境质量、群众幸福感、公众满意度等，科学部署考核要求、指标设置和组织实施。

中篇呈现"百千万工程"的地方实践。广东省委、省政府以实施乡村振兴战略、区域协调发展战略、主体功能区战略、新型城镇化战略为牵引，把县域作为城乡统筹的结合点，划分珠三角地区及周边县域，产业实力较强县域，农产品主产区县域，生态功能重要县域，老区苏区、民族地区和省际边界地区综合实力较弱县域，突出改革创新，推动扩权赋能强县，破除妨碍城乡要素平等交换、双向流动的制度壁垒，激发县镇村发展活力；坚持分类施策，"抓两头、促中间"，针对不同类型、不同特点的县，实施"创先""进位""消薄"行动，形成比学赶超、赛龙夺锦的生动局面。本篇包括五个部分，呈现上述五类不同县域推动高质量发展的基础情况、政策要求和典型案例。

下篇呈现"百千万工程"的经验借鉴。"千万工程"是习近平总书记在浙江工作时亲自谋划、亲自部署、亲自推动的一项重大决策。20年来，浙江创造了农业农村现代化的成功经验和实践范例，造就了万千美丽乡村，造福了万千农民群众。近年来，全国各地涌动着学习运用"千万工程"经验的火热实践，成为"百千万工程"的参考借鉴。本篇包括四个部分：一是阐述浙江以集成改革的方法，聚焦"富民、强村"，统筹项目、政策、要素合力，以乡村产业振兴为基础，以农民就业创业为优先，以农村产权激活为突破，协同优化生产关系和发展生产力，系统推进强村富民乡村集成改革。二是阐述河北正定县聚焦"半城郊型"经济、"旅游兴县"、"工业兴县"、"科技兴县"等发展思路，从实施古城保护、盘活文旅资源，到推进基础设施建设、提升城区面貌，再到优化营商环境、全力招商引资，奋力谱写县域高质量发展新篇章，从"高产穷县"发展成为全省经济实力十强县。三是阐述福建宁德市从"落后"到"领跑"，再到全省的新增长极和"机制活、产业优、百姓富、生态美"新福建建设的典范，呈现其正在努力走出的具有闽东特色的乡村振兴之路。四是阐述江苏立足"苏南提升、苏中崛起、苏北振兴"的区域协调发展战略，全力推进新型城镇化建设、乡村振兴战略、南北挂钩帮扶合作、"1+3"重点功能区建设等重大决策部署落地，推动了江苏城乡区域协调发展走在全国前列的经验。

城乡区域协调发展是一项系统工程、长期工程。纵观全局，中国式现代化徐徐展开，科技浪潮滚滚而来，新质生产力欣欣向荣。面向未来，广东纵深推进"百千万工程"，必须锚定目标、把握重点、抓住关键、聚焦用力，一张蓝图画到底，一任接着一任抓，进一步凝聚力量资源要素，振奋干事创业的精气神，因地制宜创造性开展工作，以钉钉子精神推动各项部署落地落实。必须按照优势塑造工程、结构调整工程、动力增强工程、价值实现工程抓紧抓实，坚持在规划设计上突出系统性，在发展路径上突出实效性，在工作措施上突出创新性，在动力生成上突出可持续性，在力量调动上突出广泛性，突出抓好县域发展、城镇提能、乡村振兴、城乡融合等重点工作，努力建设焕然一新的县、镇、村，推动城乡区域协调发展向更高水平和更高质量迈进，推动广东现代化建设展现新气象、迈上新高度。

上 篇

总体谋划

第一章　"百千万工程"的重大战略意义

广东实施"百千万工程"，进一步拓展发展空间、畅通经济循环，进一步惠民富民、满足人民对美好生活新期待，进一步整体提升新型工业化、信息化、城镇化、农业现代化水平，有利于推动全省全域高质量发展，有利于构建城乡融合发展新格局，有利于广东在推进中国式现代化建设中走在前列。

一、有利于广东推动全省全域高质量发展

高质量发展是全面建设社会主义现代化国家的首要任务，是广东实现现代化的必由之路、光明之路、奋进之路。党的十八大以来，习近平总书记亲自谋划、亲自部署、亲自推动粤港澳大湾区、深圳先行示范区和横琴、前海、南沙、河套四大平台建设，部署建设大湾区国际科技创新中心、综合性国家科学中心和高水平人才高地，推进鹏城实验室、广州实验室、广州期货交易所、华南国家植物园、深圳"国际红树林中心"等重大项目建设，为广东高质量发展注入强劲动力。

实施"百千万工程"，瞄准城乡区域发展不平衡这一广东高质量发展的最大短板，加速"融珠入湾"和"山海联动"，不断优化珠三角和粤东粤西粤北地区的生产力布局；把县域作为城乡融合发展的重要切入点，从互促共进的角度对先发地区与后发地区的发展进行通盘考

虑，把县的优势、镇的特点、村的资源更好统筹起来，推进强县促镇带村；深化城乡融合发展，推动城乡面貌改善提升，加快把县镇村发展的短板转化为高质量发展的潜力板，让县域进一步强起来、富起来、绿起来、美起来，绘就城乡区域协调发展新画卷。这有助于满足人民日益增长的美好生活需要，更好统筹发展和安全，更好统筹质的有效提升和量的合理增长，不断塑造发展新动能新优势，努力在高质量发展上走在前列、当好示范。

二、有利于广东构建城乡融合发展新格局

加快构建新发展格局，为实现高质量发展提供源源不断的动力和活力。近年来，广东立足全局、拉开格局、整体布局，推动区域协调发展战略、区域重大战略、主体功能区战略等深度融合，优化重大生产力布局，构建优势互补、高质量发展的区域经济布局和国土空间体系，有助于拓展省域发展纵深，加速国际国内之间、省内不同区域之间、城乡之间的要素流动，助力打造"双循环"发展格局，将广大乡村地区的要素与空间纳入经济循环大局中来，实现要素循环和空间拓展，助力我国经济提升抗外部风险韧性。

实施"百千万工程"，率先在县域内破除城乡二元结构，推进空间布局、产业发展、基础设施等县域统筹，把推进新型城镇化和乡村全面振兴有机结合起来，用工业武装农业，用城市带动乡村，增强乡村振兴内生动力；健全有利于城乡基础设施互联互通、公共服务普惠共享、资源要素平等交换、生产要素充分对接、农民收入持续增长的体制机制，让投资注入乡村，让消费牵引城市，让短板变成"潜力板"，推动市、县、镇、村发展更上一层楼，以城乡融合发展激发更强的内循环动力和活力。这有助于畅通经济循环，破除城乡二元结构，激活农村土地、资本、人才等一系列要素，推动工农互促、城乡互补、区域协同和全面融合。

三、有利于广东在推进中国式现代化建设中走在前列

中国式现代化是中国共产党领导的社会主义现代化，是人口规模巨大的现代化，是全体人民共同富裕的现代化，是物质文明和精神文明相协调的现代化，是人与自然和谐共生的现代化，是走和平发展道路的现代化。习近平总书记要求广东要锚定强国建设、民族复兴目标，围绕高质量发展这个首要任务和构建新发展格局这个战略任务，在全面深化改革、扩大高水平对外开放、提升科技自立自强能力、建设现代化产业体系、促进城乡区域协调发展等方面继续走在全国前列，在推进中国式现代化建设中走在前列，强调要使粤港澳大湾区成为新发展格局的战略支点、高质量发展的示范地、中国式现代化的引领地。

实施"百千万工程"，是坚持把推进中国式现代化作为新时代最大的政治，稳抓粤港澳大湾区国家战略机遇，立足广东与港澳文化同源、地理相邻、人缘相亲、风俗相似，加快建设世界级的大湾区、发展最好的湾区，将珠三角建设成为世界一流城市群，发挥港澳独特优势和广州、深圳、珠海、汕头、湛江的龙头作用，放大辐射示范效应；推进形成区域互联互通的一体化交通运输体系，带动粤东粤西粤北地区更好承接珠三角地区的产业有序转移，加快形成紧密衔接、互为支撑的分工合作关系，不断拓展"绿水青山"转化为"金山银山"的实现路径，持续优化县镇村生产生活生态空间，推动跨区域高效联动发展，有效提升公共服务均等共享水平，加快促进共同富裕。这有助于探索符合广东实际的城乡区域协调发展道路，积极开展先行先试，及时归纳总结规律性认识与做法，并形成可复制、可推广、可持续的经验，助力广东在推进中国式现代化建设中走在前列。

思考题：

1. 如何把握"百千万工程"与高质量发展的关系？

2. 如何立足构建新发展格局，推进实施"百千万工程"？

第二章　"百千万工程"的组织领导体系

广东实施"百千万工程"坚持和加强党的全面领导，展现顶格推动的领导决心，建立省市县系统贯通的指挥体系，构建协同联动的组织机制，形成纵向到底、横向到边的矩阵式组织领导保障。

一、顶格推动的领导决心

（一）密集召开重大会议

2022年12月8日，中共广东省委十三届二次全会通过《中共广东省委关于实施"百县千镇万村高质量发展工程"促进城乡区域协调发展的决定》（以下简称《决定》）。2023年1月3日，中共广东省委经济工作会议要求实施"百千万工程"，建设强富绿美新县域，持续发展壮大县域经济，增强县城综合承载力，打造绿美人居环境，一体推进县镇村发展，更好促进乡村振兴。2023年1月28日，广东省召开全省高质量发展大会，掀起全省上下齐心协力抓发展的热潮。2023年2月13日，广东省委召开省委农村工作会议暨全面推进"百千万工程"促进城乡区域协调发展动员大会。2023年6月20日，广东省委召开十三届三次全会，作出"1310"具体部署，要求深入实施"百千万工程"，在城乡区域协调发展上取得新突破。2023年8月28日，广东省委常委会召开会议，同时套开省委理论学习中心组学习会，深入学习浙江"千万工程"经验，落实省委"1310"具体部署，听取关于"深入实施'百县千镇万村高质量发展工程'，在城乡区域协调发展上取得新突破"情况汇报。2023 年 12 月 29 日，广东省委召开十三届四次全会，要求统筹推进城乡融合和区域协调发展，坚持新型城镇化和乡村全面振兴有机结合、珠三角地区与粤东粤西粤北地区联动发展、陆海统筹相互支撑，推动"百千万工程"建设加力提速。2024 年 2 月 18 日，在新春开工第一天，广东省召开全省高质量发展大会，再次凝心聚力，振奋起全省上下"走在前列"的精气神。2024 年 5 月 7 日，省委理论学习中心组举行学习会，专题学习"城乡融合发展"有关内容，学习借鉴浙江"千万工程"经验，更好统筹新型城镇化和乡村全面振兴，推动"百千万工程"加力提速。

（二）密集开展调查研究

广东省委主要领导深入各地市开展专题调研。2023 年 6 月 12 日在惠州博罗县调研，强调要在练好内功中实现争先进位，努力闯出县域高质量发展新路。2023 年 7 月 5 日至 6 日到茂名高州市开展调研，强调要做好产业协作这篇大文章，要下大力气做强县域经济。2023 年 9 月 18 日至 19 日到云浮新兴县、茂名信宜市开展调研，强调要把实施"百千万工程"的着力点放在发展城乡经济、改善环境、保障民生、富民增收上，注重"面子"更重"里子"。2023 年 10 月 11 日到肇庆开展调研，强调要坚持实事求是推进"百千万工程"，突出问题导向、民生导向。2023 年 10 月 18 日至 20 日到清远"三连一阳"地区开展调研，强调要以"头号工程"的力度抓紧抓实"百千万工程"，在更高起点上推动少数民族地区高质量发展。2024 年 2 月 22 日至 23 日到惠州市龙门县开展调研，强调要眼界更宽一点、标准更高一点、成本更低一点，以规划为蓝图，向改革要活力，用市场育动能，乘势而上推进"百千万工程"。2024 年 4 月 29 日到省"百千万工程"指挥部办公室调研，强调要以更多突破性进展、标志性成果，推动城乡区域协调发展朝着更高水平更高质量迈进。

（三）密集开展工作动员

2023年5月18日，全省县区党政正职高质量发展能力培训暨"百千万工程"专题培训班在广东省委党校开班，省委主要领导作开班动员讲话暨主题报告，着力推动全省县区党政正职增强实施"百千万工程"的能力本领。2023年7月14日省"百千万工程"专家咨询座谈会暨专家智库启动仪式在广州举行，省委主要领导会见有关专家代表并与大家深入交流。2023年11月6日，全省推进"百千万工程"促进城乡区域协调发展现场会在茂名市召开，省委主要领导要求进一步增强把"百千万工程"作为推动高质量发展"头号工程"来抓的自觉性坚定性，要求各级党委、政府要落实主体责任、属地责任，县（市、区）委书记要当好一线总指挥，镇委书记要做好"一线施工队长"，村（居）委书记要发挥"领头雁"作用，各级指挥部及其办公室要发挥牵头抓总作用，各级有关单位要各司其职、紧密协作，形成五级书记抓、上下协同干的生动局面。2024年5月9日上午，省委农村工作会议暨深入实施"百县千镇万村高质量发展工程"推进会召开，要求时刻绷紧粮食安全这根弦，大力发展富民兴村产业，推进以县城为重要载体的新型城镇化，扎实推进宜居宜业和美乡村建设，打好改革组合拳，凝聚各方力量深度参与，不断开创城乡区域协调发展新局面。2024年5月14日至16日，全省深入推动区域协调发展座谈会召开，强调聚焦推动全省全域、全省人民整体迈进现代化，下大功夫解决区域发展不平衡问题，突出重点、集中资源、聚力攻坚，一步一个脚印把各项工作推向前进。

二、省市县贯通的指挥体系

（一）省级统筹

成立省"百千万工程"指挥部。由省委主要负责同志任总指挥，省政府主要负责同志任第一副总指挥,省委常委、省人大常委会1名任、副省长和省政协1名副主席任副总指挥,1名省委常委任常务总指挥。省"百千万工程"指挥部下设办公室,承担日常具体工作实行实体化运作,与省委改革办合署办公,由省委常委兼任办公室主任,省委常务副秘书长兼任办公室常务副主任,省政府1名副秘书长兼任办公室副主任。同时,在全省挑选若干名副厅级干部任办公室专职副主任,全脱产参与办公室日常工作。

省"百千万工程"指挥部办公室下设综合文秘组(处)、业务指导组(处)、政策研究组(处)、信息宣传组(处)、考核评估组(处),按照"全省抽调、基层上挂、成熟调入"相结合的方式配置处级干部任组(处)长,全脱产参与工作。同时,成立县域经济、城镇建设、乡村振兴、要素保障、决策咨询、金融、"双百行动"、信息化建设、全域土地综合整治等专班,建立新型对口帮扶协作机制,共同构成省"百千万工程"指挥体系。

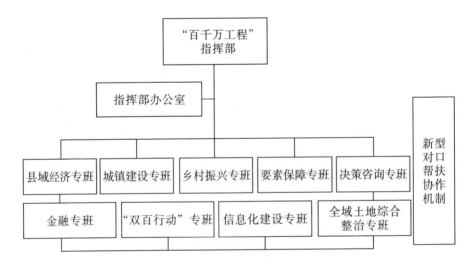

广东省"百千万工程"指挥体系

在职能定位上,省指挥部办公室侧重制度设计、统筹抓总。一是参谋辅政。通过深入调查研究发现问题,把握破解城乡区域发展不平衡不协调问题的规律，在此基础上明确目标、细化举措、完善政策。二是统筹协调。统筹好各级各成员单位、各工作专班，统筹协调好各级指挥体系，最终形成步调一致、握指成拳、重拳出击的生动局面。三是督促指导。强化对各级各有关单位指导，加强对重点任务、重大事项、重要工作的督查，切实推动指挥部各项决策部署落到实处。四是服务保障。抓好各项日常工作，以更优质更高效的服务，有力保障指挥部高效开展工作。

工作专班分别由不同省直部门牵头，联合成员单位，推动开展各领域工作。县域经济专班由广东省发展改革委牵头，着力通过分类施策，深化体制机制改革，引导县域差异化发展，推动城乡融合发展。城镇建设专班由广东省住房和城乡建设厅牵头，重点建强中心镇、专业镇、特色镇，全面强化乡镇联城带村节点功能。乡村振兴专班由广东省农业农村厅牵头，坚决守住粮食安全和不发生规模性返贫两条底线，着力构建现代乡村产业体系，全面推进农村综合改革，扎实建设宜居宜业和美乡村。要素保障专班由广东省自然资源厅牵头，着力在土地、财政等方面强化"百千万工程"的要素支撑保障。决策咨询专班由广东省委政策研究室与广东省人民政府发展研究中心共同牵头成立，通过有序开展相关课题研究"以文辅政"，为全面实施"百千万工程"提供智力支撑。金融专班由国家金融监督管理总局广东监管局牵头，充分发挥金融资源要素保障作用，全力推动金融支持"百千万工程"落实到县镇村。"双百行动"专班由广东省教育厅牵头，着力推动高校院所作为纵向帮扶的重要力量深度参与"百千万工程"。信息化建设专班由广东省政务服务和数据管理局牵头，负责为推进"百千万工程"构建数字化支撑体系，推动信息综合平台建设，加强信息资源共享和开发利用。全域土地综合整治专班由广东省自然资源厅牵头，各成员单位协同发力，负责统筹协调解决重大事项，研究制定政策措施，大力推进全域土地综合整治工作。

（二）齐抓共管

各级"百千万工程"指挥部及其办公室是抓好工程实施、推动工作落实的关键中枢。一是强化政治性，聚焦强化指挥调度功能，持续提升运转效能，发挥牵头抓总、沟通协调、发展指导、决策参考、督促落实等职能作用。二是强化统筹性，保持指挥体系顺畅运转，完善激励约束监督机制，强化考核结果运用，加强对基层的支持和指导，打通政策落实"最后一公里"，推动形成指挥有力、上下贯通、协同推进的工作格局。三是强化效能性，推进信息化建设，建好用好管好信息综合平台，立足实际所需不断完善拓展功能，积极引进运用卫星遥感、无人机、人工智能、大数据等先进技术，面向实战应用强化数据集成，增强平台发现问题、解决问题的能力，助力提高管理服务效能。

建立党政"一把手"亲自抓、分管领导直接抓、一级抓一级、层层抓落实的工作推进机制。省"百千万工程"指挥部与市县之间建立直接的沟通联系渠道，与省直部门建立高效的协调联动机制。每年上半年召开全省推进会，下半年召开现场会并同步开展创先争优活动、亮诺亮绩亮牌行动。

完善市负主责、县镇村抓落实的省市县贯通指挥体系。各地级以上市组建相应的指挥机构，指挥部下设办公室，同样实行实体化运作、建立专班工作机制。市指挥部办公室侧重承上启下、督促协调。一是发挥承上启下的"节点功能"，服务各市充分履行"市负主责"的主体责任，按照省委工作部署，结合本地实际推动落实。二是加强督促检查，及时发现问题，深入解决问题，推动指挥部各项部署在县镇村三级一贯到底。三是横向对接协调，珠三角和粤东粤西粤北各市履行职责、加强对接，把对口帮扶工作的部署要求真正落到实处。

（三）由县主抓

各县（市、区）组建相应的指挥机构，下设办公室。县（市、区）

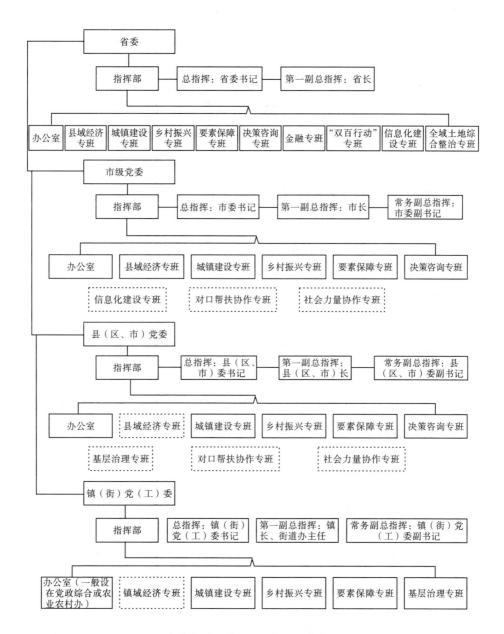

广东省"百千万工程"组织架构图

指挥部办公室侧重攻山头、啃骨头、抓落实。按照省市工作部署要求，抓住工作重点，抓准主攻方向，集中火力攻山头，在"百千万工程"一线当先锋、打头阵、攻难关，推动各项工作任务落细落小落具体。

乡镇（街）作为一线施工队，为保障把各项工作部署落到实处，也普遍成立了镇级"百千万工程"指挥部。各镇级指挥部聚焦于对各项工作的组织实施，与上级指挥办、各村（社区）之间建立直接的沟通联系渠道，按属地原则和职能分工抓好落实。

三、协同联动的组织机制

（一）指挥机构专责推进

省指挥部办公室每个月调度，每季度通报，每半年向省指挥部作专题汇报，每年年底总结通报。每年度开展专项督查或调研，研究提出加强和改进工作的对策建议。省市指挥办实体化运作的工作人员，除了编制调配和按需聘用外，还纳入了从本级和下级相关党政部门抽调的人员，全脱产集中在指挥办办公的同时，与原单位保持密切联系。比如，茂名从全市挑选了3名副处级干部任指挥部办公室专职副主任，从县镇两级和市直部门抽调了23名干部，实行全脱产集中办公，实现专门机构、专人专责推进"百千万工程"。

（二）工作专班横向联动

与指挥办一起构成各级指挥体系的各工作专班，既有相应的职能部门牵头，同时又囊括了与各专班工作任务密切相关的职能部门作为成员单位，从而在各个层级，构成了一张多部门协同配合的横向工作网络。比如，为推进全省农村"赤膊房"美化行动试点工作，城镇建设专班牵头单位省住房和城乡建设厅组织了省自然资源厅、省农业农村厅有关处室，以及各地市有关部门，涉农县（市、区）政府，召开了专题工作推进会，就《广东省农村"赤膊房"美化行动试点实施方案（2023—2024 年）》进行解读，部署试点各项工作任务。

（三）上级领导挂钩联系

全面实行上级领导同志定点挂钩，联系下级党委、政府，以及组建工作指导组进驻县（市）推动当地工作开展。省领导同志定点挂钩市、联系县，协调解决市县请求事项。省领导同志到地市调研时，将"百千万工程"实施情况作为必看内容，督促指导工作落实。市领导挂钩到镇，县领导联系到村，并建立责任点制度。工作指导组主要聚焦于深入实施调查研究，了解工作开展情况，实施督导检查。比如，河源建立领导同志联镇包片抓落实工作机制，由每位市领导联系挂钩若干个乡镇，重点提振干部干事创业精气神，推动重点任务解决，并将该机制纳入"百千万工程"指挥部管理体系。驻县区指导组由市人大常委会、市政协领导担任组长，并下沉县区一线帮助督导县区推进重点任务。

思考题：

1. 如何理解"指挥部"这一作战体系设立的意义？

2. 如何让实体化运作的"指挥部"发挥最大作用？

第三章 "百千万工程"的政策部署体系

广东实施"百千万工程"对接"国之大者""省之要事""民之关切"，强化统筹协调、改革创新，推动形成"1+N+X"政策体系，全方位加大资源要素保障力度，特别是运用科学划分县镇村类型、突出"一县一策"特色、注重以专业化推动高质量发展等措施确保各项"百千万工程"部署落地见效，奋力谱写广东城乡区域协调发展新篇章。

一、谋篇布局突出"三个对接"

习近平总书记高度重视广东、时刻关心广东，寄望广东"在推动高质量发展上聚焦用力，发挥示范引领作用"，要求"扎实推进广东高质量发展"。党的二十大以来，广东认真贯彻落实总书记、党中央决策部署，先后召开省委十三届二次全会、三次全会、四次全会，省委经济工作会议等，明确提出把高质量发展作为广东现代化建设的首要任务，作出具体工作部署，着力推动全省县镇村高质量发展，力争在新起点上更好解决城乡区域发展不平衡不充分问题，系统推进"百千万工程"以促进城乡区域协调发展。

（一）对接"国之大者"

"百千万工程"各项政策续写着新的"春天的故事"。广东是我国改革开放的排头兵、先行地、实验区，在中国式现代化建设的大局中地位重要、作用突出。当前，我国"发展不平衡不充分"，"农业基础还不稳固，城乡区域发展和收入分配差距较大"的问题仍然突出。2023 年 1 月，习近平总书记在中共中央政治局第二次集体学习时的讲话中强调："要全面推进城乡、区域协调发展，提高国内大循环的覆盖面。"党的二十大报告进一步指出，"深入实施区域协调发展战略、区域重大战略、主体功能区战略、新型城镇化战略，优化重大生产力布局，构建优势互补、高质量发展的区域经济布局和国土空间体系"。

浙江"千万工程"对新时代化广东全面推进城乡区域协调发展具有重要启示，"百千万工程"聚焦改革开放的"深水区"和难啃的"硬骨头"，通过推动广东县镇村高质量发展，在新起点上更好解决城乡区域发展不平衡不充分问题。比如，"百千万工程"衔接了乡村振兴战略，在"百千万工程"工作体系中，由省农业农村厅牵头专门成立乡村振兴专班，重点推进宜居宜业和美乡村建设、乡村"五个振兴"等工作。再如，"百千万工程"衔接了新型城镇化战略，着力推进以县城为重要载体的新型城镇化，推进就地就近城镇化，提高县城就业容量和就业质量，引导镇村人口向县城转移，支持县城高水平扩容提质，鼓励推动一批有条件的县城按照中等城市的标准规划建设。

（二）对接"省之要事"

"百千万工程"各项政策是广东城乡区域协调发展战略的最新版本。2002 年，广东在《中共广东省委、广东省人民政府关于加快山区发展的决定》中提出"引导和促进珠江三角洲产业向山区转移"。2005 年，广东出台《关于我省山区及东西两翼与珠江三角洲联手推进产业转移的意见（试行）》，产业转移大幕拉开，以设立产业转移园区的形式推进。2008 年，广东提出"腾笼换鸟"战略，颁布《关于推进产业转移和劳动力转移的决定》，推动产业和劳动力"双转移"，在省内建设一批产业转移园，区域间建立起对口帮扶机制，并通过安排一批扶持资金、每年进行一次考核、设立一个有力机构及培训一大批农村劳动力就业者等方式，着手解决长期困扰广东的城乡区域发展不平衡问题，提升广东整体竞争力，塑造未来发展潜力。在"百千万工程"政策体系下，广东省委、省政府于2023年印发《关于推动产业有序转移促进区域协调发展的若干措施》，提出了建立健全长效机制、高标准建设一批产业承接载体、引导产业集群化特色化发展等五个方面21条政策举措，支持粤东粤西粤北12个地市和珠三角3个地市各打造一个承接产业转移主平台，实现珠三角地区与粤东粤西粤北地区产业协作、产业共建。

"百千万工程"鼓励珠三角地区及周边的县域，融入大城市发展建设，主动承接人口、产业、服务功能，特别是生产制造环节、区域性物流基地、专业市场等的疏解转移，是对"双转移"战略的"接着干"。"百千万工程"是构建"一核一带一区"区域发展格局的进一步拓展，把县域作为城乡融合发展的重要切入点，从空间尺度上对"核""带""区"进行深化细化，从互促共进的角度对先发地区与后发地区的发展进行通盘考虑，是进一步拓展发展空间、畅通经济循环的又一战略举措。"百千万工程"进一步提升了粤港澳大湾区的建设成效。以南沙为例，南沙充分发挥在科技、规划、金融、制度方面的发展优势，通过乡村的空间、产品、品牌设计提升价值，推进农产品交易所、种业交易市场构建，成立乡村金融服务中心等等，以"重点在城市，亮点在乡村"体现出粤港澳大湾区的特色。

（三）对接"民之关切"

"百千万工程"各项政策在制定过程中充分调研民情民意、及时回应民情民意，注重汲取群众智慧，在践行群众路线中回应群众关切。为推动"百千万工程"走深走实，相关政策在出台之前，均进行了深调研、摸实情。深入基层听真话、察真情，把县情、镇情、村情底数弄清、情况吃透、问题找准，分门别类梳理，认真研究分析，区别县镇村特点，选准切入点和突破口，精心做好任务规划。2022年以来，省委主要负责人多次深入调研、密集开会部署，带头大力推进实施"百千万工程"。成立决策咨询专班，邀请专业智库、党校、高校及党代表、人大代表、政协委员和各民主党派、工商联、无党派人士等力量参与，共同为"百千万工程"出谋划策。

各地区各部门坚持用好调查研究这一"传家宝"，不断增强把"百千万工程"作为推动高质量发展"头号工程"来抓的自觉性、坚定性和科学性。比如：2023 年 7 月，在省"百千万工程"指挥办的指导下，在中山市"百千万工程"指挥办、市委宣传部的具体指挥下，中山日报社联合市委农办、市社科联、市慧农乡村振兴研究院启动"走出中山看中山·'百千万工程'深调研全国行"。深调研历经 2 个月，25 人的调研组兵分五路，"中山+"及视频号发布稿件及视频 30 多篇（个），《中山日报》刊发了 14 篇深度报道，综合阅读触达率超百万人次。

二、形成"1+N+X"政策体系

（一）省委一张蓝图布局

在《决定》中，广东省委、省政府提出要坚持以习近平新时代中国特色社会主义思想为指导，全面贯彻党的二十大精神，深入贯彻习近平总书记对广东系列重要讲话和重要指示批示精神，完整、准确、全面贯彻新发展理念，以推动高质量发展为主题，以乡村振兴战略、区域协调发展战略、主体功能区战略、新型城镇化战略为牵引，以城乡融合发展为主要途径，以构建城乡区域协调发展新格局为目标，壮大县域综合实力，全面推进乡村振兴，把县镇村发展的短板转化为广东高质量发展的潜力板。根据分类施策、集约高效、协同联动、改革创新、群众路线和实事求是的指导原则，围绕"推动县域高质量发展""强化乡镇联城带村的节点功能""建设宜居宜业和美乡村""统筹推进城乡融合发展""强化保障措施"五个维度开展系列工作，各地各部门成立"百千万工程"指挥部，充分加强组织保障、推动资源下沉，系统制定配套政策、出台具体实施方案，构建了"1+N+X"的政策体系。

表　广东省"百千万工程"的"1+N+X"政策体系

印发主体	文件名称	备注
中共广东省委	《中共广东省委关于实施"百县千镇万村高质量发展工程"促进城乡区域协调发展的决定》	政策体系的纲领性文件（政策体系之"1"）
广东省政府各部门	例如：《广东省交通运输厅关于贯彻落实"百县千镇万村高质量发展工程"推进城乡区域交通运输协调发展的实施意见》《广东省"百县千镇万村高质量发展工程"教育行动方案（2023—2027年）》《广东省"数字政府2.0"建设服务"百县千镇万村高质量发展工程"若干措施》	多部门围绕"县域发展""城乡融合""城镇建设""乡村振兴"四个维度出台系列政策，构成政策体系横向维度之"N"
广州、深圳、东莞、惠州等21个地级市	例如：《东莞市全面推进"百县千镇万村高质量发展工程"构建更高水平城乡融合发展格局的实施方案》《惠州市关于全面推进"百县千镇万村高质量发展工程"促进城乡区域协调发展的实施方案》《广州市壮大科技创新主体促进高新技术企业高质量发展若干措施》	各地市及下辖区县针对上级政策要求、结合本地发展实际从整理谋划到具体议题，出台多维度、多线条的政策方案，构成政策体系纵向维度之"X"
各地市下辖区县及相关党政部门	例如：广州市天河区《关于全面推进"百县千镇万村高质量发展工程"促进区域协调发展的行动方案》	

《决定》明确了一系列政策要求。首先，明确了"一年开局起步、三年初见成效、五年显著变化、十年根本改变"的发展目标。其次，明确了十项主要发展任务，具体包括：发展壮大县域经济、提升县城承载能力、强化乡镇联城带村功能，推进乡村产业振兴、实施乡村建设行动、加强和完善乡村治理，加强县域基础设施建设、打造绿美生态县域、推进基本公共服务均等化，深化城乡综合改革。

表　广东省"百千万工程"的政策框架

目标要求	主要任务	保障措施	组织领导
＊"抓好一三五，做强百千万" ＊一年开局起步 ＊三年初见成效 ＊五年显著变化 ＊十年根本改变	＊发展壮大县域经济 ＊提升县城承载能力 ＊强化乡镇联城带村功能 ＊推进乡村振兴 ＊实施乡村建设行动 ＊加强和完善乡村治理 ＊加强县域基础设施建设 ＊打造绿美生态县域 ＊推进基本公共服务均等化 ＊深化城乡综合改革	＊健全政策保障 ＊完善帮扶机制 ＊强化要素保障 ＊动员社会力量 ＊考核激励	＊完善指挥体系 ＊鼓励改革创新 ＊践行群众路线 ＊坚持实事求是

按照省的要求，各地市根据地方实际、立足地方禀赋、聚集地方问题，围绕"抓什么"、谋划"怎么抓"、明确"谁来抓"，制定实施方案，明确承接市际横向帮扶、开展市内帮扶协作的具体安排。据不完全统计，从政策制定数量看，地市最多制定了60余项政策、最少制定了20余项政策，平均制定了40项左右的政策。在县（市、区）层面，在市的统筹指导下，各县（市、区）结合本地实际，"一县一策"制定具体实施方案，不断完善"1+N+X"政策体系。

（二）职能部门多维保障

广东以《决定》这一纲领性文件为总指引，科学规划县镇村发展路径。明确了重要意义、指导思想、基本原则、目标任务等总要求，明确了要从政策体系、帮扶机制、要素保障、社会动员和考核激励等维度共同发力。省政府办公厅、科技厅、发展改革委、财政厅等"百千万工程"成员单位制定出台了涵盖产业有序转移、农业农村、城镇建设、数字政府、金融、卫生健康、县域改革等100多项配套政策。

表 广东省"百千万工程"的工作完整体系

指挥体系	工作体系	目标体系	政策体系	评价体系
*省指挥部 *成员单位 *省指挥部办公室 *各地级以上市 *各县（市、区）	*设立工作专班 *突出工作重点 *狠抓工作推进	*科学精准分类 *制定差异化发展目标 *制定"一三五十"目标 *鼓励创先争优	*省直部门 N 项配套支持政策 *纵向支持和横向帮扶政策 *各地 X 项实施方案	由省指挥部办公室牵头，会同省直有关部门，制定分级分类考核评价办法

表 广东省"百千万工程"成员单位出台的部分政策文件情况

聚焦维度	出台部门	文件名称	主要内容
助力统筹县域发展	广东省委、省政府	《珠三角地区与粤东粤西粤北地区对口帮扶协作工作实施方案（2023—2025 年）》	实现对口帮扶协作粤东粤西粤北地区 45 个县（市）全覆盖，对惠州、江门、肇庆的 12 个县（市）参照开展产业协作，为各县均衡发展找好伙伴、结好对子
		《关于推动产业有序转移促进区域协调发展的若干措施》	提出五个方面 21 条政策举措，支持粤东粤西粤北各市各打造 1 个承接产业有序转移主平台，探索多种形式双向"飞地经济"模式等

聚焦维度	出台部门	文件名称	主要内容
助力统筹县域发展	国家税务总局、广东省税务局	《税收支持广东高质量发展的若干措施》	围绕培养壮大县域经济打好税费支持政策"组合拳",服务现代农业产业发展,促进富民兴村强镇,落实各种减免税收政策,健全绿色税制推动绿美广东生态建设
	广东省政府办公厅	《2023年广东金融支持经济高质量发展行动方案》	加大对"百千万工程"和统筹城乡协调发展的金融支持,为县域振兴和绿美广东生态建设提供融资1万亿元左右
	广东省自然资源厅	《关于加强自然资源要素保障助力实施"百县千镇万村高质量发展工程"的通知》	加强国土空间规划保障、强化用地用海用林用矿要素支撑、推进全域土地综合整治、提升资源利用效率等政策措施,探索实施"房券""绿券"制度
助推城镇建设配套	广东省委办公厅、省政府办公厅	《关于推进以县城为重要载体的城镇化建设的若干措施》	推动我省的全国县城建设示范地区建设
	广东省农业农村厅	《广东省城中村改造试点攻坚行动方案（2023—2025年）》	支持有条件的城市开展城市更新试点;制定广东省城市排水防涝体系建设行动方案,完成500千米排水管道老化更新改造;完成城市地下市政基础设施普查,建设省市两级的城市地下市政基础设施综合管理信息平台;组建专家团队开展技术帮扶

聚焦维度	出台部门	文件名称	主要内容
助推城镇建设配套	广东省城镇化工作暨城乡融合发展工作领导小组办公室	《广东省新型城镇化和城乡融合发展2023年工作要点》	推动46个城乡融合发展省级试点建设；推进城镇基础设施向乡村延伸，推动完善县域冷链物流设施，深化邮政、供销、交通等既有设施资源整合，加强农村寄递物流体系建设
	广东省住房和城乡建设厅	《广东省农房建设绿色技术导则》	结合广东的广府、潮汕、客家三大民系特点，提出总则、基本规定、技术指标体系、绿色农房技术汇总、绿色农房设计说明专篇、案例篇等内容
助力乡村振兴持续深化	广东省委、省政府	《关于做好2023年全面推进乡村振兴重点工作的实施意见》	在2023年全面推进36项重点工作，全面推进乡村振兴，扎实推动县镇村高质量发展，加快建设农业强省
	广东省委办公厅、省政府办公厅	《广东省乡村建设行动实施方案》	着力建设具有中国气派、岭南风格、广东特色的宜居宜业和美乡村
	广东省政府办公厅	《广东省发展壮大农村经营主体若干措施》	鼓励新型农村集体经济发展、支持个体工商户转型升级为企业、支持重点人群返乡创业等31条具体措施
	广东省委农办、省农业农村厅	《关于加快海洋渔业转型升级促进现代化海洋牧场高质量发展的若干措施》	提出17条针对性强、含金量高的政策措施，促进现代化海洋牧场高质量发展

续表

聚焦维度	出台部门	文件名称	主要内容
助力乡村振兴持续深化	广东省自然资源厅	《关于实施点状供地助力乡村产业振兴的通知》	实行点状供地模式、落实用地规模指标、实行分类审批管理、优化土地供应方式、做好确权登记发证、加强项目实施监管等事项
助推城乡融合发展	广东省交通运输厅	《关于贯彻落实"百县千镇万村高质量发展工程"推进城乡区域交通运输协调发展的实施意见》	把县镇村公路交通发展的"短板"转化为广东公路交通高质量发展的"潜力板"
	广东省政务服务数据管理局	《广东省"数字政府2.0"建设服务"百县千镇万村高质量发展工程"若干措施》	充分发挥我省"数字政府2.0"建设对全面数字化发展的牵引驱动作用，依托数字政府大平台、大服务、大治理、大协同、大数据优势，加快数字政府基础能力均衡化发展
	广东省市场监督管理局	《广东省市场监督管理局服务百县千镇万村高质量发展的实施意见》	聚焦八大方面制定28条政策措施，充分发挥登记注册、标准、地理标志、商标、认证、监管执法等职能作用
	广东省卫生健康委	《落实"百县千镇万村高质量发展工程"实施新一轮基层卫生健康服务能力提升五年（2023—2027年）行动计划》	以基层公共卫生服务体系建设、县域医共体建设、"万名医师下乡"三大工程为主框架，以16个子项目为支撑，形成"1个总目标+3个工程+16个子项目"的政策体系

聚焦维度	出台部门	文件名称	主要内容
助推城乡融合发展	广东省政府办公厅	《广东省"百县千镇万村高质量发展工程"教育行动方案（2023—2027年）》	到2025年实现城乡教育资源均衡配置机制基本建立，13个省级基础教育高质量发展实验区各建成至少5个城乡教育共同体并发挥辐射带动作用
	广东省民政厅	《广东省民政厅关于建立慈善帮扶资源供需精准对接机制助力"百县千镇万村高质量发展工程"的通知》	建立慈善帮扶资源供需精准对接机制，深入摸查了解困难群众和特殊群体的实际需求，进一步动员、引导、支持社会力量参与慈善帮扶
	共青团广东省委	《广东青年下乡返乡兴乡助力"百县千镇万村高质量发展工程"三年行动》	以服务青年入县下乡就业创业为主要抓手，加快形成城市青年下乡、在外青年返乡、本土青年兴乡的人才集聚效应，促进人才回归、资源回乡、项目回流
	广东省科学技术厅	《广东省科技支撑"百县千镇万村高质量发展工程"促进城乡区域协调发展实施方案（试行）》	明确关键技术攻关、科研成果落地转化、专业镇转型升级等8项任务计划；力争到2027年实现全省县镇村创新驱动发展能力显著增强，科技支撑产业竞争力明显提升的政策目标

　　围绕助力统筹县域发展，广东省委、省政府各成员单位分别从自身职能出发，围绕县域发展的资源要素提供全方位政策支持。比如，国家税务总局广东省税务局发布《税收支持广东高质量发展的若干措施》，围绕培养壮大县域经济打好税费支持政策"组合拳"；省政府办公厅发布《2023年广东金融支持经济高质量发展行动方案》，提出要

加大对"百千万工程"和统筹城乡协调发展的金融支持；省自然资源厅发布《关于加强自然资源要素保障助力实施"百县千镇万村高质量发展工程"的通知》，围绕"强县、兴镇、富村"目标要求，提出进一步加强国土空间规划保障、强化用地用海用林用矿要素支撑、推进全域土地综合整治、提升资源利用效率等政策措施。

围绕助推城镇建设配套，各成员单位聚焦县域、镇域、乡村，以系列政策举措确保城乡建设衔接融合、绿色环保。比如：广东省委办公厅、广东省人民政府办公厅印发的《关于推进以县城为重要载体的城镇化建设的若干措施》明确指出，要推进县城新型城镇化补短板强弱项工作，推动我省的全国县城建设示范地区建设；《广东省新型城镇化和城乡融合发展2023年工作要点》，力主推动46个城乡融合发展省级试点建设；《广东省城中村改造试点攻坚行动方案（2023—2025年）》，支持有条件的城市开展城市更新试点，因地制宜打造一批特色鲜明、辐射带动能力强的乡村振兴示范带。

围绕乡村振兴持续深化，各成员单位将其作为工作的重中之重，纷纷提出更具操作性的政策方案，支持乡村高质量发展。比如，广东省委、省政府印发《关于做好2023年全面推进乡村振兴重点工作的实施意见》，提出要在2023年全面推进36项重点工作，提出要全面推进乡村振兴，扎实推动县镇村高质量发展；广东省自然资源厅发布《关于实施点状供地助力乡村产业振兴的通知》，提出实行点状供地模式、衔接国土空间规划、落实用地规模指标、实行分类审批管理、优化土地供应方式、做好确权登记发证、加强项目实施监管等事项；广东省委农办、省农业农村厅出台《关于加快海洋渔业转型升级促进现代化海洋牧场高质量发展的若干措施》，提出17条针对性强、含金量高的政策措施，促进现代化海洋牧场高质量发展；广东省人民政府办公厅发布《广东省发展壮大农村经营主体若干措施》，提出鼓励新型农村集体经济发展、支持个体工商户转型升级为企业、支持重点人群返乡创业等31条具体措施，为广东农业农村发展注入新动能。

在助推城乡融合发展方面，各成员单位多维发力，在基础设施建设、公共服务供给、智力资源支撑等具体领域出台一体化、均等化的政策工作方案，切实弥合城乡差异，增强城乡发展的协同性，促进生产生活要素在城乡之间自由流动。一是在基础设施建设方面，以道路为基础的物质基础设施建设和以信息系统为主力的素质基础设施建设都得到重点关注；二是在公共服务方面，推动经济发展的政务服务和保障民生的社会服务都被兼顾到，形成立体化、全方位的城乡一体公共服务体系。

最后，各成员单位围绕"百千万工程"考核评价有明确的科学导向，定性考核、定量考核相结合，既考总量，也考增速，实行综合评价。在具体考评中，更加突出一致性，对各地考核方向总体一致，基本架构相同、指标有所区别、权重不同；更加突出公平性，同一类地区相比，分类排名，分类考核，对承担不同主体功能的县设置专属指标，确保兼容高效，避免"搭车考核"。发挥考核"指挥棒"作用，引导县域因地制宜走特色化差异化发展之路，通过"抓两头、促中间"，带动粤东粤西粤北地区整体提升。

（三）市县因地制宜多措并举

广东各地市积极探索，不断创新，围绕县域经济高质量发展、镇域特色化建设和乡村全面振兴出台了系列政策规划，落实了不少具体行动举措，切实推动全省城乡融合发展不断取得新突破。

在珠三角地区，广州市"百千万工程"指挥部办公室召开"一区一策"专题工作会议，为各区"量身定制"，实施创先、进位、消薄行动。广州公布《关于深入实施"百县千镇万村高质量发展工程"支持北部山区高质量发展的意见》，提出以花都区、从化区、增城区的北部山区八镇为重点，深入实施"百千万工程"。其中，从化区立足聚焦"农用地整理、建设用地整理、乡村生态保护修复和历史文化保护"四类模式高质量推进全域土地综合整治。深圳市全面推进"百千万工程"

以来，聚焦深汕特别合作区高质量发展、创新与省内对口地区"双向飞地"协作模式、强化农业金融科技资源要素保障，促使城乡区域协调发展向着更高水平更高质量更高标准迈进。珠海市创新制定"四张清单"，强化各项任务清单式管理、项目化推进，围绕"百千万工程"重点领域关键环节攻坚突破。佛山市提出了创建城乡区域协调发展实验区、示范市目标，进一步激发了区镇村的动力活力，支持建设"千亿镇街"。惠州市强化党建引领，明确目标任务，激发主动精神，将党建工作深度融合到"百千万工程"重点领域和关键环节。东莞市加快产业"立新柱"，持续提升企业创新主体作用。中山市聚焦"经济强、城乡美、社会治"目标，开展强镇兴村"1388"行动，全面赋能镇域发展，打造更多全国百强镇、千强镇。江门市加强乡村建设、改善农村面貌、培育新型农民，助力乡村振兴。肇庆市实施"强镇工程"和"乡镇强专特分类创建行动"，分类施策推动各镇（街）差异化发展，强化乡镇联城带村节点功能，激发乡镇新活力。

广州市从化区被选为全国唯一的县域全域土地综合整治试点（图片来源：南方⁺）

在粤东地区，汕尾市于 2023 年 6 月正式印发《关于全面推进"百县千镇万村高质量发展工程"促进城乡区域协调发展的实施意见》，为推进"百千万工程"划定清晰"施工图"。同时期，成立广东汕尾市百千万高质量发展基金，为汕尾市重大产业发展提供强大的金融支持。11月，汕尾市提出以推进乡村振兴"连带成片"示范片区建设为主抓手，奋力开创汕尾城乡区域协调发展新局面。汕头市对全市7个区（县）、67个镇（街道）、1086个村（社区）进行分类，推动各区（县）加快规划建设与主体功能相匹配的产业园区。揭阳市推动"百千万工程"典型县、镇、村建设，建立"领导小组+平台开发公司+园区管委会"机制，以主平台承接珠三角转移项目。潮州市聚焦茶产业等做好农村"土特产"文章，推动一、二、三产业融合发展，大力发展现代农业、海洋牧场、乡村旅游，推动乡村产业全链条升级。

在粤西地区，茂名市以"百千万工程"为牵引，以石化产业高质量发展为基底，对接珠三角规上企业转移和增资扩产需求，加快珠三角产业有序梯度转移。茂名高州市在2023年3月就印发《关于成立市"百县千镇万村高质量发展工程"指挥部的通知》，后来又印发《高州市落实"百县千镇万村高质量发展工程"促进城乡区域协调发展行动方案》《高州市全面推进"百县千镇万村高质量发展工程"促进城乡区域协调发展三年行动计划（2023—2025年）》《高州市"百会帮百镇"工作方案》等系列方案。阳江市实施绿美生态县域建设、县城扩容提质、"一镇一特色"创建、镇街服务大提升等四大行动，推进乡村产业"强"、乡村建设"好"、乡村治理"优"等三大任务，做好基础设施建设、基本公共服务和城乡融合发展等三篇文章，着力推动人财

茂名市"百会帮百镇"工作推进会召开（图片来源：茂名发布）

物、政策、项目等要素向县域倾斜。湛江市将产业园区作为"百千万工程"的主战场，规划建设大型产业集聚区，发展绿色钢铁、绿色石化、先进材料、汽车产业、高端装备、绿色能源、前沿新材料和现代农业与食品等八个重点产业。

在粤北地区，韶关市在全省率先建立覆盖市县镇村、上下联动、层层落实的指挥体系推进各项工作。突出党建引领，建立研究部署、现场推进、视频调度、信息宣传、督导考核等工作机制，并定期调度县域镇域经济、项目建设等重点工作，部署工作落地。充分发挥驻镇帮镇扶村工作队的作用，培育打造共富型农村集体经济主体，成立143家强镇富村公司，全域探索推行资源资产盘活、现代农业、乡村文旅、助农服务等经营模式。梅州市坚持实体经济为本、制造业当家，狠抓发展第一要务、全面激发内生动力，以"百千万工程"为总抓手，以苏区融湾先行区建设为突破口，推动城乡区域协调发展。云浮市探索"政银企村（户）"共建模式，以营商环境破题，纵深推进"百千万工程"。清远市打造五大百亿农业产业引领全市现代农业提质增效，狠抓广清一体化，奋力打造粤港澳大湾区产业转移首选地、旅游目的地和优质农产品供应地。河源市加快推动制度机制、招商平台、营商环境、科技研发等方面创新，以聚焦破解"百千万工程"发展难题。

韶关市"强镇富村公司"上线（图片来源：中国科技网）

三、差异化、特色化、专业化发展

(一) 科学划分县镇村类型

广东省委、省政府在"百千万工程"政策制定中坚持实事求是，立足具体地域、具体情况、具体问题，明确各地区的定位和发展方向，根据不同定位制定实施差异化发展目标。划分珠三角地区及周边县域、产业实力较强县域，生态功能重要县域，农产品主产区县域，老区苏区、民族地区和省际边界地区综合实力较弱县域，以及城区镇、中心镇、专业镇、特色镇、普通镇，集聚提升类乡村、城郊融合类乡村、特色保护类乡村、搬迁撤并类乡村（一般类村）等。针对不同类型、不同特点的县，划分创先、进位、消薄三类，要求分别找准全国乃至全省的先进标杆，学习先进经验，推动形成比学赶超、赛龙夺锦的生动局面。同时，为了更好地推动县镇村典型开发，2023 年全省遴选首批 22 个典型县（市、区）、110 个典型镇、1062 个典型村（社区），示范带动各地实现工作整体提升。

表　广东省"百千万工程"57 个县（市）分类情况

创先类县（市）	进位类县（市）	消薄类县（市）
惠东、博罗、陆丰 海丰、台山、开平 鹤山、阳春、廉江 信宜、高州、四会 英德、普宁、新兴 共 15 个	南澳、乐昌、南雄、仁化 翁源、乳源、东源、紫金 兴宁、平远、蕉岭、五华 龙门、恩平、阳西、雷州 吴川、遂溪、徐闻、化州 广宁、德庆、怀集、佛冈 饶平、惠来、罗定 共 27 个	始兴、新丰、和平 龙川、连平、大埔 丰顺、陆河、封开 连州、阳山、连山 连南、揭西、郁南 共 15 个

表　广东省"百千万工程"的首批典型县（市、区）镇村名单

典型县（市、区）	典型镇	典型村（社区）
广州从化区、广州增城区深圳福田区、珠海斗门区汕头濠江区、佛山顺德区韶关南雄市、河源东源县梅州梅县区、梅州蕉岭县惠州博罗县、汕尾陆河县江门鹤山市、阳江阳西县湛江廉江市、茂名信宜市茂名高州市、肇庆四会市清远连州市、潮州饶平县揭阳惠来县、云浮新兴县共22个	梅州市兴宁市黄槐镇、汕尾市陆丰市碣石镇、东莞市长安镇、中山市小榄镇市、阳江市阳西县沙扒镇、茂名市高州市根子镇、清远市佛冈县水头镇、揭阳市普宁市里湖镇等共110个	广州市白云区江高镇峡石村、珠海市斗门区莲洲镇莲江村、汕头市澄海区隆都镇前美村、佛山市禅城区南庄镇紫南村、湛江吴川市吴阳镇白沙社区、清远市连山壮族瑶族自治县永和镇桂联村等共1062个

（二）推进"一县一策"特色差异化发展

各县因地施策、走特色路，是"百千万工程"政策方案在不同区域协同推进的指引关键。广东各地市、各县镇村资源禀赋鲜明、发展阶段迥异，在制定政策时各地准确把握了"只有百花齐放，才会和谐统一"的发展理念，在具体方案中注重因地制宜、分类推进，从源头上做好"强"字文章，实现"促""带"之功，在方案里明确差异化、专业化、特色化发展，打出各具特色的品牌。各地市对县乡自主量身定制"一县一策"，对在规定框架下打出自身特色和实现目标给予了充分空间。

作为珠三角地区及周边县域代表的广州番禺区，始终将经济高质量发展作为重中之重。番禺区积极立足产业基础，发挥区位优势，强化制造业当家，制定发布《广州市番禺区"一基地一带两园"汽车产业高质量发展布局规划》支撑"百千万工程"不断走深走实，初步构

建起牵引经济高质量发展的"千亿矩阵"。同时，立足服装、珠宝等雄厚产业基础，探索打造千亿时尚产业。另外，龙门县坚持把工业园区作为壮大县域经济"主引擎""主平台""主战场"，大力开展招商选资，推进产业集聚集约发展。编制全县乡村产业发展规划，大力实施发展壮大集体经济攻坚行动，同时，推进以县城为重要载体的新型城镇化和农房风貌管控，全面提升城镇功能品质。特别是广泛发动企业、乡贤等社会力量推动"百千万工程"不断走深走实。

作为产业实力较强县域代表的茂名茂南区，立足茂南区资源禀赋、区位优势，持续优化营商环境，推进产业项目建设，全力推动高质量发展不断取得新成效。茂南区深入贯彻落实省"制造业当家22条"，紧紧抓住被确定为全省5个重点支持建设的承接产业有序转移主平台之一的重大机遇，全力打造产业转移承接地、产业链延伸区和产业集群配套基地。依托《茂名市高质量承接产业转移实施方案》《茂名市承接产业有序转移主平台规划建设方案》，茂南区积极实施产业转移金融支持政策，鼓励金融机构为企业量身打造产业转移特色金融产品和服务，以金融活水为实体经济发展注入动力。

作为生态功能重要县域代表的韶关乳源县，坚持生态优先、绿色发展，持续用力推进县域经济高质量发展。为打好"百千万工程"建设这场硬仗，县委、县政府注重顶层设计，先后与中国工程院、清华大学建筑设计研究院、省委党校、省旅游控股集团等单位进行交流合作，为高质量发展出谋划策，共同描绘高质量发展乳源蓝图。乳源县在全域生态保护、推进产业攻坚、增强县城综合承载能力及优化项目建设机制四个方面下功夫，不断提高本地优质水、高山茶、有机农产品等生态产品的增值和溢价能力，充分释放生态文化旅游产业的潜力活力，通过生态旅游业与其相关产业一体化融合发展进而转化为良好的经济收益。

作为农产品主产区县域代表的湛江徐闻县，抢抓"百千万工程"发展机遇，依靠特色农业发展农产品加工业，打开现代农业的增收

"密码"。依托在全省率先出台的《湛江市支持现代化海洋牧场高质量发展十五条措施》，徐闻县以海洋牧场产业链项目为核心，充分发挥海洋资源、装备产业和水产种业优势，推进水产良种选育、孵化、养殖、服务、加工一体化发展，大力发展深远海养殖和海洋牧场，建设高标准水产养殖基地，全力打造中国大陆最南端的"海上粮仓"。

作为老区苏区、民族地区和省际边界地区中综合实力较弱的县域代表，清远连山县以"三地活化"为抓手，着力破解土地瓶颈，加大招商引资力度，依托县域生态优势、民族特色等禀赋，全面推动农业、文化、旅游、体育、康养产业融合发展，稳步促进连山富县强镇兴村。连山以石坪村为切入点，开展农村承包地、宅基地和农村集体经营性建设用地"三块地"资源活化利用的改革探索。由镇、村、经营机构共同组建平台，以高度组织化对土地进行整合流转、招商经营。同时，对周边田园及环村水系进行整村打造，盘活石坪村众多闲置旧民居，以瑶族婚礼、壮族铜鼓等为主题设置壁画，把石坪村打造成集文化部落、民宿乡宿、特色餐饮等功能于一体的乡村旅游胜地。改革探索让村容村貌焕然一新，为民族地区高质量发展、更好推动落实"百千万工程"打造了示范样板。

（三）注重以专业化推动高质量发展

一是从融合化思维抓城乡互促。在设计"百千万工程"具体政策实施方案时，各级各部门充分认识到城市与乡村是一个有机整体，城乡发展也不是非此即彼的关系。融合化思维核心是"城乡产业发展融合化、城乡公共服务均等化、城乡居民收入均衡化、城乡居民基本权益平等化、城乡要素配置合理化"的融合发展。比如，佛山以市委、市政府"一号文"形式发布《关于贯彻落实省委"百县千镇万村高质量发展工程"推进高水平城乡区域协调发展的实施意见》，特别注重用城乡融合的思维将城市和乡村视为密切联系的整体，以促进城乡生产要素双向自由流动，优化公共资源合理配置。佛山南海区进一步将政策细化为明确的行动举措：大力构建现代乡村产业体系，深入推进"种业+"计划，加快国家现代农业产业园建设；扎实推进乡村建设行动，持续建设一批"精品四小园""美丽庭院"，全面建成乡村振兴示范带，打造宜居宜业和美乡村；打好"农业+文旅"组合拳，推进农村集体"三资"管理服务改革，鼓励集体经济公司化运作、多元化发展，全面消除发展相对薄弱村（社区）。

二是从工业化思维抓农业发展。各地"百千万工程"政策方案突出用工业思维谋划农业发展，在建立"链条化"理念、推进"规模化"建设、做好"品牌化"文章、加快"融合化"发展上下功夫，抓好农业产业化经营，提高农业综合生产能力，推进农业结构转型，带动农村高质量可持续发展。比如，肇庆基于《肇庆市实施现代化农业高质量发展"七大工程"三年（2023—2025年）行动"1+5"工作方案》，辅以《肇庆市实施现代农业高质量发展"七大工程"若干政策措施》《肇庆市农业产业招商优惠政策》《肇庆市支持预制菜产业发展的若干措施》《肇庆市促进柑橘产业高质量发展实施方案（2023—2025年）》《肇庆市培育壮大"新农人"队伍实施方案》5项具体实施方案，规划在三年内按照"上规模、强园区，树品牌，建链条，抓集群、拓市场"的总体思路，以做大做强农业龙头企业为主线，以粮油、蔬菜、水果、畜禽、水产、南药等六大优势产业和油茶、花卉、茶叶三大特色产业为重点，实施"稳粮保供、农业规模化生产、现代农业产业园提质增效、新型农业经营主体培育、农业科技创新、一二三产业融合发展、农产品品牌提升"七大工程，以此推动肇庆农业提质增效。

三是从数字化思维抓基层治理。在推进"百千万工程"过程中，广东自上而下积极回应《中共中央　国务院关于加强基层治理体系和治理能力现代化建设的意见》中着重强调的"加强基层智慧治理能力建设"，将数字技术在基层治理中的应用摆在重要地位。比如，江门鹤山市坚持以信息化建设为抓手，统筹各级各部门高质量做好平台数据上传和视频资源收集工作，并通过省"百千万工程"信息综合平台展示鹤山经济社会发展成果和实施"百千万工程"的成效，实现数据资源"一本账"，"一屏纵览全省、一键督办到人"。同时，广东"政府治理专区"在粤政易工作台上线，"江门鹤山社会治理"入选省首批特色专题应用。该专题应用通过设置网格概况、全市事件总览、事件趋势分析、事件类型分布、各镇街效能统计等专区，多维度展示鹤山社会治理各项要素，实时了解鹤山网格、专职网格员等基本数据情况，直观展示鹤山社会治理情况，为政府部门决策提供参考。

思考题：

1. "百千万工程"政策体系如何衔接国家发展战略？

2. 如何进一步完善"百千万工程"政策体系？

第四章　"百千万工程"的帮扶协作体系

　　帮扶协作有利于增强广东县域内生发展动力。《决定》专门就"建立新型帮扶协作机制"作出部署，注重帮扶协作整体性、协同性、连贯性，并将其作为强化保障措施之一。新一轮帮扶协作在体现全省推动产业有序转移工作要求的同时，充分衔接"百千万工程"各项任务部署，深化产业、就业、人才、科技、民生等领域帮扶协作，促进双方优势互补、互惠互利、共谋发展。

一、实现市县两级全覆盖

　　在新一轮"百千万工程"帮扶关系上，广东新增安排广州—湛江、深圳—汕头、佛山—茂名、东莞—揭阳，对原有市、县级对口帮扶关系进行了优化调整，并将珠三角地区 12 个县（市）纳入对口帮扶协作范围。2023 年 3 月，广东省委、省政府发布《关于推动产业有序转移促进区域协调发展的若干措施》，新一轮对口帮扶协作的结对关系首次实现粤东粤西粤北地区市、县两级全覆盖。

（一）纵向帮扶

　　"百千万工程"纵向帮扶统筹考虑珠三角对口帮扶、老区苏区对口支援、驻镇帮镇扶村等既有工作安排，重点做好对粤东粤西粤北地区45 个县（市）帮扶协作全覆盖，兼顾做好珠三角地区 12 个县（市）的帮扶工作，督促粤东粤西粤北地区各地级以上市统筹做好对市辖区发展的支持工作。主要强化省级资源导入，各帮扶单位、帮扶干部要在立足纵向帮扶组团的基础上，善用各类帮扶力量，发挥好各类资源要素作用，推动形成"劲往一处使"的帮扶合力。

"百千万工程"纵向帮扶共涉及 156 个省直机关及有关单位，对全省 57 个县（市）及 5 个重点老区苏区市辖区进行帮扶。由省发展改革委牵头省有关部门配合各地级以上市落实主体和属地责任，共同制定省纵向支持政策，结合驻镇帮镇扶村和对口支援重点老区苏区县工作，建立省直机关事业单位、省属国有企业、高校、科研院所等组团帮扶机制。

"百千万工程"纵向帮扶的第一轮工作期限为 2023 年至 2026 年。由 1 家省直单位牵头、若干成员单位共同参与。牵头单位选派 1 名处级领导干部，其他成员各选派 1~2 名年富力强的中层管理人员或科级相当职务层次人员挂任被帮扶县（市、区）相应职务，并以 3 年为周期进行轮换。对于部分经济部门及实力较强的单位，安排帮扶两个县（市、区）。

"百千万工程"纵向帮扶围绕培育壮大特色产业、持续推进以县城为重要载体的新型城镇化建设、提升基本公共服务展开。一是培育壮大特色产业，全面提升县域经济综合实力。立足县域实际，按照"宜工则工、宜农则农、宜商则商、宜游则游"的原则，沿海县要做足海的文章，山区县突出山的文章，农业县则要做好"土特产"文章。二是持续推进以县城为重要载体的新型城镇化建设，分类建强中心镇、专业镇、特色镇，高标准打造中心镇，高品质建设美丽圩镇，把镇级打造成为生产生活生态融合的高质量发展有机结合体。立足建设宜居宜业和美乡村，统筹落实乡村布局、村庄建设、农房风貌"三个规划"，大力推进农村垃圾、生活污水、厕所"三大革命"，持续推进村庄美化绿化，打造和美乡村。三是提升基本公共服务，加快补齐县域城乡的公共服务设施、市政公用设施、环境基础设施和产业配套设施等短板弱项，进一步提升县域城乡对于人才、人口和企业的吸引力及综合服务水平。

典型案例：纵向帮扶"1+4+N"的遂溪模式

广东省药品监督管理局、广东农垦集团公司、中国民生银行广州分行组成纵向帮扶工作队，按照"立足当地、集约协同、长短结合、实事求是"原则，打造具有典型意义的"1+4+N"模式，助力县域经济高质量发展，即围绕一个中心（县域经济高质量发展），着力四个重点任务（建设"四个一"），汇聚多方力量（N），建设和美遂溪。广东省药品监督管理局将遂溪县列为第六批重点项目、重点企业、重点地区创新服务对象，专人对接遂溪生物医药企业，满足企业需求。广东农垦集团公司建设特色农产品综合服务平台，引导具有当地特色的产业建立产品溯源及标准化机制。因地制宜推进标准化、规模化发展农业生产。积极探索"旱粮+南药"轮作模式，推动南药种植规模化、提升土地附加值。推进优质农特产品申报"圳品"。中国民生银行广州分行聚焦信贷融资领域开展帮扶，对遂溪县持续投入帮扶资金，打造

湛江遂溪县杨柑镇布政村火龙果乐园项目（图片来源：湛江云媒）

普惠金融网络，解决遂溪发展集团有限公司资金瓶颈难题，解决县域基础设施、产业发展的资金问题。发挥杨柑镇粤垦小贷金融服务站作用，解决农户种植养殖过程中资金困难等问题。

资料来源：《"横向+纵向"对口帮扶助力湛江高质量发展》，《湛江日报》2024年2月6日。

（二）横向帮扶

2013年以来，广东把开展省内对口帮扶协作作为促进城乡区域协调发展的重大举措，确立了珠三角地区6市对口帮扶粤东粤西粤北地区8市的帮扶关系，分别是广州市—梅州市、广州市—清远市、深圳市—河源市、深圳市—汕尾市、珠海市—阳江市、佛山市—云浮市、东莞市—韶关市、中山市—潮州市，帮扶市所辖县区或镇街与被帮扶市所辖县（市、区）确立对口帮扶关系52个，先后开展了三轮对口帮扶协作工作。

"百千万工程"横向帮扶以市为单位明确横向帮扶协作关系，实行珠三角地区与粤东粤西粤北地区县（市、区）结对帮扶，珠三角地区部分实力较强的镇（街道）参与结对帮扶。在帮扶协作关系上，广东首次实现全覆盖。广东新增安排广州—湛江、深圳—汕头、佛山—茂名、东莞—揭阳，对原有市、县级对口帮扶关系进行了优化调整，并将珠三角地区12个县（市）纳入对口帮扶协作范围，首次实现了对口帮扶协作在粤东粤西粤北地区市、县两级全覆盖。值得肯定的是深圳坚决落实省委"百千万工程"部署要求，充分发挥经济特区辐射带动作用，深圳不仅与河源、汕尾、汕头、潮州市及惠州市惠东、博罗、龙门三县建立对口帮扶协作关系，而且市辖十区（合作区除外）也分别与汕头、河源、汕尾、潮州、惠州5市23个县（区）建立结对关系。在产业协作共建、乡村振兴、社会民生、消费帮扶、人才发展、科技攻关、医疗卫生、营商环境等多领域创新帮扶举措，成效显著。

"百千万工程"横向帮扶由省发展改革委牵头，省有关部门配合，各地级以上市落实主体和属地责任，共同推动市际横向帮扶协作，以市为单位明确横向帮扶关系，优化珠三角与粤东粤西粤北地区县级结对关系，鼓励珠三角地区实力较强的镇（街道）参与结对帮扶，做好珠三角地区12个县（市）的对口帮扶协作工作。该工作就是要继续立足于产业发展，通过"产业有序转移"，加强和深化帮扶方与被帮扶方的产业协作，瞄准广东高质量发展中最大短板的县镇村，建立生产点转移，产业关系强、市场协作密的新型产业转移模式，依托产业转移这一关系把转出地与转入地更高质量地联系在一起。

表　珠三角地区与粤东粤西粤北地区对口帮扶协作和对口产业协作关系

| 珠三角与粤东粤西粤北对口帮扶协作关系 | | | | 珠三角3市对口产业协作关系 | |
帮扶方	被帮扶方	帮扶方	被帮扶方	对口地市	对口区县
广州	梅州	珠海	阳江	广州市对口肇庆市	天河区—广宁县、怀集县
	湛江	佛山	茂名		番禺区—封开县
	清远		云浮		花都区—德庆县
深圳	汕头	东莞	韶关		增城区—四会市
	河源		揭阳	深圳市对口惠州市	福田区—博罗县
	汕尾				龙岗区—惠东县、龙门县
	潮州			中山市对口江门市	坦洲镇—鹤山市
					三乡镇—台山市
					翠亨新区—开平市
					南头镇—恩平市

典型案例：广州横向帮扶协作湛江

2023年6月，为落实省委、省政府"百千万工程"部署安排，广州与湛江结成省内对口帮扶协作关系，开展"百千万工程"、产业转移与发展、民生帮扶等工作。据统计，2023年，广州派驻湛江帮扶干部158名。其中，乡村振兴帮扶干部129名，产业帮扶干部29名。湛江市设指挥部，9个县（市、区）设工作组，24个乡镇设驻镇帮镇扶村工作队，50个重点村设第一书记。此外，广州还派出134名支教老师、27名支援医生赴湛。广湛帮扶工作全组织架构全域全覆盖推进。同时，广州财政2023年投入5.04亿元用于乡村振兴驻镇帮镇扶村工作，2亿元用于广湛产业园建设及民生帮扶，1.8亿元用于湛江各县（市、区）产业园建设及民生帮扶，合计8.84亿元。

湛江吴川市长岐镇"光明行"义诊活动现场

二、强化组团式、紧密型帮扶

广东强化组团式、紧密型帮扶，首次明确对口帮扶协作双方要共建1个市级产业转移合作园，并且要由帮扶方主导开发建设，被帮扶方充分授权。此外，广东还将大力支持粤东粤西粤北市县在珠三角发达地区设立产业、科创"反向飞地"。

（一）围绕高质量发展实施组团式帮扶

消除广东城乡区域发展差距是帮扶工作的核心，经济发展工作是基础，帮扶的最终目标是实现广东的高质量发展。除推动产业有序转移促进粤东粤西粤北地区以县镇村为主战场实现经济发展外，还推动省直机关事业单位、省属国企、高校、科研院所开展组团式帮扶，通过绩效考核形成紧密型帮扶。其中，科创、教育、文化、卫生等领域也是协作的重点，通过组团式帮扶，为粤东粤西粤北地区注入内生发展动能。

提升粤东粤西粤北基础教育质量。广东开展百校联百县助力"百千万工程"行动，部署省内高校院所结对到县，全面强化广东城乡区域协调发展的人才、科技和智力支撑。基础教育帮扶方面出台了《广东省推动基础教育高质量发展行动方案》《广东省"新强师工程"实施办法》《广东省全口径全方位融入式帮扶粤东粤西粤北地区基础教育高质量发展实施办法》等文件，加大珠三角地区对粤东粤西粤北地区的帮扶力度，建立市与市、县与县、师范类院校与市等7种全口径结对关系，重点帮扶提高中小学校长、教师、教研员能力素质，提供教学、教研、信息化、管理等全方位支持。通过三期帮扶工作，力争到2035年，全省基础教育整体质量位居全国前列，基本实现基础教育现代化。

增强粤东粤西粤北创新能力。《广东省科技支撑"百县千镇万村高质量发展工程"促进城乡区域协调发展实施方案（试行）》指导粤东粤西粤北地区省实验室围绕制约区域发展的关键核心技术开展科技攻关，鼓励符合条件的粤东粤西粤北地区高校、研究院所和科技型企业积极申报省重点实验室，完善省、市实验室体系建设，为集聚人才提供有效平台。

夯实粤东粤西粤北卫生医疗服务能力。《落实"百县千镇万村高质量发展工程"实施新一轮基层卫生健康服务能力提升五年（2023—2027年）行动计划》，提出到2027年底，广东省不少于100家县级公立医院达到三级医院医疗服务水平，县域医共体全部实现紧密型治理，县域内住院率基本达到85%。广东省将以基层公共卫生服务体系建设、县域医共体建设、"万名医师下乡"三大工程作为主框架，以16个子项目为支撑，形成"1个总目标+3个工程+16个子项目"的政策体系。开展县级疾控中心核心能力提升项目，加强流调队伍现代化建设，进一步健全基层公共卫生体系建设，力争到2027年，全省县级疾控中心的实验室仪器设备和流调装备配置标准高于国家要求，现场流行病学调查、应急处置、实验室检测等核心能力位居全国同类机构前列；加强基层医疗机构发热诊室（门诊）服务能力建设，保障居民在基层医疗卫生机构就近获得同质化诊疗服务。

（二）以紧密型帮扶促进高质量发展

在全省一盘棋的基准下，建立紧密型帮扶，帮扶方与被帮扶方形成共同发展体。帮扶方要主动提升被帮扶方的人才数量和结构，减少被帮扶方人才外流的现象，使双方各自发挥自身的优势，更好为高质量发展夯实基础。

强化本土人才培养。《广东省推动基础教育高质量发展行动方案》提出，粤东粤西粤北地区立足本土培养骨干教师，按照教师队伍总数10%的比例培养本地本校骨干教师，深入推进实施中小学"百千万人才培养工程"，在收入、住房等方面给予本土培养的骨干教师与引进人才同等的优待政策。遏制人才引进不良竞争，珠三角地区原则上不得从粤东粤西粤北地区各类学校、教研机构（教师发展机构）中引进各类教育人才，城区学校不得到县域普通高中抢挖优秀教师。健全完善省、市、县、校四级教研体系，严格教研员准入制度，提高准入条件，新任专职教研员原则上应有6年以上教学工作经历、具有高级以上教师职称或研究生学历。建立教研机构（教师发展机构）定点联系学校制度和教研员定期到中小学任教制度，教研员在岗工作满5年后，原则上要到中小学校从事1年以上教育教学工作，探索建立选聘优秀教研员到教育行政部门或中小学校任职或挂职制度。

强化单位间紧密型帮扶。三甲公立医院每年选派约500名中级以上职称卫生专业技术人才帮扶基层，持续提升县级公立医院临床和公共卫生等综合服务能力水平。全国选聘 100 名首席专家，在全省 47 家中心卫生院全职工作；每年安排不少于 2000 名县级以上医疗机构医师服务基层。县域医共体内需实行分片区组团式帮扶，全省县域医共体总医院每年帮扶不少于 70 个团队，下沉到基层分院。全面实施紧密型县域医共体建设工程。依托县级龙头医院建设开放共享的影像、心电、病理诊断、医学检验等中心，加强远程医疗和信息化设备配备，与高水平省市级医院对接，与基层医疗卫生机构联通，在县域医共体内实现就诊一码通行、服务接续、一站式结算。实施县（市、区）级人民医院专科培训、全科医学诊疗技能与基本公共卫生服务培训、基层护理技能提升、乡村医生综合能力提升、中医药适宜技术培训、基层卫生管理能力提升六大板块培训，培养一批"下得去、留得住、用得上"的专业管理和业务骨干人才队伍。

三、由单向帮扶向合作共赢转变

新一轮对口帮扶协作机制明确要求结对双方积极探索建立成本分担和利益共享机制。在共商共建共管共赢的原则下，各地可以结合实际创新探索成本共担、收益共享的具体实现形式，充分调动帮扶双方的积极性，推动由单向帮扶向合作共赢转变。

（一）建立成本分担和利益共享机制

对口帮扶协作双方将以共建 1 个市级产业转移合作园区和一批县级特色产业园区为重点，突出推动产业有序转移。在除珠三角核心 6 市外的 15 个地市布局建设承接产业有序转移主平台（省下达 42.5 亿元注入资本金，安排 1 万亩用地指标）。其中，产业转移合作园区由帮扶方主导开发建设、运营管理、招商引资等，被帮扶方主要负责土地供应、社会管理、配套服务等，支持结对双方积极探索建立成本分担和利益共享机制，推动相关工作从单向帮扶向合作共赢转变。

（二）以共同发展为目标建设"反向飞地"

新一轮帮扶提出大力兴建"反向飞地"。《关于推动产业有序转移促进区域协调发展的若干措施》（以下简称《若干措施》）提出，"支持粤东粤西粤北各市通过租赁办公楼宇、设置园中园、建设孵化器、打造招商展示平台等方式，在珠三角地区设立'反向飞地'。鼓励'反向飞地'所在地采取长期租赁、先租后让、弹性年期等方式供应产业用地，将减免优惠政策作为正向激励因素纳入相关考核评价"。这将突破地域空间的限制，让粤东粤西粤北地区可以直接与发达地区市场连接，直接利用发达地区市场的优质资源，增强发展能力。2021 年 1 月 17 日全省首个反向飞地"汕尾创新岛（深圳）"正式启动运营，牵引汕尾与深圳科技和产业"双向奔赴"。值得一提的是广州与梅州达成在粤港澳大湾区设立广梅园"科创+空间"的共识，积极利用大湾区资源，通过广梅园的科创孵化、招商引资、高层次人才使用、产品网红直播展销平台等，服务梅州发展。对于合作所产生的收益，新一轮帮扶协作机制也进行了改革。《若干措施》提出："各类共建园区、'产业飞地'、转移项目产生的收益，共建双方可以按规定以适当方式分享。"这意味着在广东首个"飞地"——深汕合作区的"五五分成"模式基础上，共建双方可以有更多的协商空间，实施更加灵活的合作方式，更好地促进帮扶协作的落地，实现共建双方的双赢。

典型案例：广梅园打造"反向飞地"广梅模式

广梅产业园是广梅产业共建的主战场和省推动产业有序转移的主平台园区。近年来，在广梅两市的坚强领导下，广梅产业园坚持以实体经济为本、制造业当家，以专业思维、产出思维、用户思维运营管理园区，2020—2022 年连续三年园区工业总产值同比增长超20%。2023 年，广梅产业园用"扩能""提质""增效"作答发展问卷，全力以赴做强做大园区，努力实现广梅产业园三年产值倍增，助力梅州全力建设赣闽粤原中央苏区对接融入粤港澳大湾区振兴发展先行区。广梅产业园落实关于积极探索推进"反向飞地"建设的指示要求，在广州市科技局、协作办、增城区等部门的大力支持下，选定在增城区创悦孵化器搭建广梅产业园"科创+空间"，以"小空间、大平台"的理念，通过"1+N"的方式，建设广梅对口帮扶成果展示窗口、广梅科创孵化中心、广梅招商引资展示平台、高层次人才驿站以及梅州产品直播展销窗口，同时将引进一批在梅工商贸企业和高新技术企业，搭建区域合作、资源共享的共赢发展平台，打造"反向飞地"广梅模式。

广梅园"科创+空间"暨客都优选·乡村振兴馆

2023 年 9 月 27 日，全国首部明确由"飞出地"全面主导的地方性法规《广东省深汕特别合作区条例》，经广东省第十四届人民代表大会常务委员会第五次会议审议表决通过。该条例就立法目的、适用范围、发展原则、合作体制、协调机制、改革创新、组织机构、管理职能、产业发展、城乡建设、社会治理、营商环境、发展保障等内容作出了规定，于 2023 年 11 月 1 日起施行。

四、由"输血式"转向"造血式"帮扶

新一轮对口帮扶协作要素投入力度空前，推动由"输血式"帮扶向"造血式"帮扶转变。其中，珠三角 6 市选派了 300 多名优秀干部组成帮扶队伍奔赴各地开展帮扶。此外，广东还设立了总规模达 240 亿元的产业转移基金，将其重点投入产业合作园区和产业转移项目建设，切实增强园区自我造血功能。

（一）激活镇村发展内生动能

2021 年 6 月，广东制定印发《广东省乡村振兴驻镇帮镇扶村工作方案》等文件，计划 5 年筹措安排 540.6 亿元帮扶资金，从镇级层面统筹镇村产业发展、基础设施、公共服务建设。"驻镇帮镇扶村"采取"党政机关+企事业单位+农村科技特派员+志愿者+金融助理"的模式组团结对帮扶。

目前，广东共向粤东粤西粤北地区 12 个市及肇庆、惠州、江门、深汕合作区等 1190 个乡镇和涉农街道派驻帮扶工作队，涉及 7174 个组团单位，8000 名党政机关、企事业单位干部，4000 多名科技特派员、金融助理，4000 多名"三支一扶"、高校毕业生志愿者，为"百千万工程"注入新动能和提供人才支撑。

驻镇驻村工作队整合各方资源，鼓励引导群众发展特色产业，采取更多实用性高、针对性强的帮扶措施，牢牢守住不发生规模性返贫的红线，进一步激发广大群众发展产业的热情和自力更生增收致富的内生动力，让广大群众走上可持续增收之路。

典型案例：盘活镇村闲置资源建成赤松茸种植基地

驻乳源一六镇广东省委党校、广东水电学院工作队和相关技术人员面向市场撬动产业资本，流转原废弃的砖厂，设立了食用菌项目和三宝生物科技有限公司，推动一六镇重点投入联农惠农且一二三产业融合高附加值生物农业发展。从2021年试种赤松茸的1亩试验田，至2023年的300亩，年产值已达到1200万元，每年增加村集体收入20万元。为了推广赤松茸试种成功的经验，采取"工作队+企业+农户+村委会"的帮扶模式，从2021年至2023年连续3年，由工作队队员每人每年出资2000元，在一六镇乐群村、东粉村、东七村、罗屋村设立赤松茸种植示范带动试验点。按照"试验示范、逐步扩大，种给农民看、带着农民种"的思路，带动村民种植赤松茸，呈现"乘数效应"良好局面，并取得较好的效益。如镇内从"一亩"到"三百亩"，再到镇外"一千亩"，亩产3000~5000斤，亩产值纯收入2万元等。

韶关乳源县一六镇赤松茸种植基地

（二）增强县域产业造血功能

"百千万工程"确立发展壮大县域经济的主基调，提出争取每个县建设一个省级产业园区，更好地推动县域承接产业有序转移，增强县域造血功能。特别是要确保广东推动产业有序转移的"1+14+15"政策体系落实到位，打造一批高水平的产业转移承接载体，支持各县做大做强1~2个特色优势产业集群。

以此为载体，结合本地产业基础及未来发展规划，考虑承接外部产业转移的因素，重点发展能够带动农业农村发展，专注于挖掘地方特色资源特色产业的市场空间，提出以"粮头食尾""农头工尾"为抓手，培育农产品加工业集群，积极发展农业生产性服务业，形成内外合力的产业发展态势。重点扶持一批 10 亿元级企业、建设一批亿元级项目，形成本地比较优势，借助外力实现内生增长。纠正过于倚重承接产业转移的做法，改善转移产业与本土产业"两张皮"的发展状态，强调产业转移的有序性，实现转得出、接得住、发展好。

思考题：

1. "百千万工程"纵向帮扶的重点是什么？

2. "百千万工程"设置"反向飞地"的关键是什么？

第五章　"百千万工程"的社会联动体系

"百千万工程"工作要求广泛调动社会力量参与。2023 年 11 月 6 日，在茂名市召开的全省推进"百千万工程"促进城乡区域协调发展现场会上，广东省委主要领导强调"要大抓社会力量参与，凝聚齐抓共促的强大合力"。相较于政府部门，社会力量具有较强的灵活性，有利于"百千万工程"的创新性实施。社会力量在参与"百千万工程"以促进广东城乡区域协调发展过程中既需要各级政府部门的鼓励和引导，也需要政府部门的规制。从政策实践来看，初步形成了国有企业、事业单位、群团组织、社会组织、华人华侨、农村群众等社会力量参与"百千万工程"的格局，为广东以全省全域高质量发展探索中国式现代化的实践路径奠定了良好基础。

一、推动国有企事业单位参与

（一）引导国有企业参与

引导国有企业履行社会责任，将主营业务融入"百千万工程"中，通过明确发展目标、做好部署工作、统筹资源力量、科学运用考核、开展交流分享等举措，推动了一系列产业项目落地，有效地发挥了国有企业联农带农作用。从广东省国资委公布的数据来看，2023 年，广东 18 家省属国有企业所覆盖的多个行业领域的发展促进了"百千万工程"落地见效。

表　2023 年广东省属国企助力"百千万工程"情况

序号	名称	主要成效
1	广东省机场管理集团有限公司	2023 年白云机场旅客吞吐量达 6317.3 万人次，实现国内机场旅客吞吐量"四连冠"
2	广东省环保集团有限公司	发挥环保全产业链协同优势，打造多个"百千万工程"样板项目
3	广东省广晟控股集团有限公司	"一种全彩化发光器件及显示模组"荣获"中国专利金奖"
4	广东省能源集团有限公司	新能源装机规模实现千万千瓦级新突破，清洁能源装机占比提升至 49%
5	广东省交通集团有限公司	运营管理的高速公路里程突破 8000 公里
6	广东省港航集团有限公司	完成水路客运总量 3826 万人次
7	广东省广物控股集团有限公司	在省内重点布局 5 座非金属矿山基地，资源储量超 10 亿吨，粤东粤西粤北协同布局逐步形成
8	广东省建筑工程集团控股有限公司	在 16 个地市成立建筑及关联产业公司 42 家，配套到位 15 项施工总承包一级资质，2023 年带动工程业务约 155 亿元
9	广东省广新控股集团有限公司	"百千万工程"累计投入 2500 万元
10	广东省旅游控股集团有限公司	积极把握经济回升向好机遇，提升服务品质
11	广东粤海控股集团有限公司	珠三角水资源配置工程全线通水，建成世界上流量最大的长距离有压调水工程
12	广东省盐业集团有限公司	与清远市政府围绕发展清远五大百亿特色农业产业达成合作，以食品产业高质量发展助推城乡区域协调发展
13	广东省铁路建设投资集团有限公司	努力打造 1.5 小时高铁交通圈
14	广东恒健投资控股有限公司	组建设立总认缴规模 100 亿元的省县域经济高质量发展基金，以资本赋能县域经济综合实力提升
15	广东南粤集团有限公司	以保供应、稳就业、促振兴的民生担当托起"稳稳的幸福"

续表

序号	名称	主要成效
16	广东省粤科金融集团有限公司	2023 年审核通过基金规模 276 亿元，投资项目 57 个，金额 28.6 亿元
17	广东省广轻控股集团有限公司	工美港·国际数字创新中心入选"广州最具价值文化产业园区 10 强"
18	广东省交易控股集团有限公司	2023 年实现交易额 2.12 万亿元，规模和影响力位居全国前列

各地市市属国有企业也在助力"百千万工程"实施中起到了重要作用。比如截至 2023 年底，广州有 23 家市属国有企业，其中 4 家为《财富》世界 500 强企业，营业收入达 11977.1 亿元，市属国企资产总额达 5.8 万亿元。① 市属国企充分利用自身资源优势与平台优势，着力探索乡村振兴新路径，已出现一批初具成效的政企深度合作与村企共建发展新模式。

典型案例：广药集团助力"百千万工程"实施②

广药集团将自身中医药产业优势与各地区资源禀赋紧密结合，采用"输血+造血"的双重帮扶协作模式，在梅州市发展仙草产业，推动梅州市中药材产业化，创造就业岗位的同时也让农民更多分享产业增值收益。在茂名市、汕头市，广药集团除了通过保底收购来解决荔枝"增产不增收"问题外，还以深加工技术做优做强两地荔枝深加工产业链，将广东荔枝产业从季节性消费变成全年性消费，促进了荔农共享发展成果和当地农户就业增收。

---

① 《2023 年 1—12 月市属国企经济运行情况》，广州市人民政府网 2024 年 2 月 8 日。

② 《世界 500 强广药集团：乡村振兴"县"在进行时 播撒"百千万工程"致富"种子"》，《羊城晚报》2023 年 10 月 27 日。

广东还大力引导建筑业企业参与"百千万工程"。2023 年 4 月，广东省住房和城乡建设厅印发《关于实施"百县千镇万村高质量发展工程"建设高品质县镇村的工作方案》，提出要"深化帮扶协作，打造建筑业企业'投身参与、积极担当'的项目范例"，明确要制定行动方案，建立政企结对新机制，探索多元帮扶新模式。在省级层面已引导全省 1123 个乡镇与建筑业企业结对，53 家建筑业企业被广东省住房和城乡建设厅评为投身"百千万工程"项目范例。

（二）引导事业单位参与

广东开展百校联百县助力"百千万工程"行动，推进省内百家高校院所与 109 个涉农县（市）结对共建，推动高校师生在更广阔空间施展才华、把论文写在祖国大地上，推动教学科研成果更好转化成县、镇、村高质量发展的强劲动力。目前已成立乡村产业发展高校联盟、乡村公共服务高校联盟和乡村建设规划高校联盟三大联盟，聚焦落实强化产业发展科技支撑、强化城乡规划建设服务，突出基本公共服务支持、突出基层人才培养培训，参与集体经济运营、参与基层改革创新探索，提供决策咨询服务七项主要任务，即"两强化、两突出、两参与、一提供"，引导首批 82 所高校院所与 57 个县（市）结对签约助力"百千万工程"，达成项目清单 800 多项。

表　"双百活动"结对关系示例

高等院校	结对县（市）	高等院校	结对县（市）
中山大学	高州市、连州市	华南师范大学	信宜市、封开县
华南理工大学	鹤山市、惠来县	广州工业大学	东源县、郁南县
暨南大学	始兴县、博罗县	广州美术学院	阳春市
华南农业大学	紫金县、阳山县	中共广东省委党校	德庆县

广东除了动员高校院所参与"百千万工程"外，还着力提升基层医疗服务能力，动员医院力量下沉助力"百千万工程"。2023 年 4 月

28日，广东省卫生健康委员会发布《落实"百县千镇万村高质量发展工程"实施新一轮基层卫生健康服务能力提升五年（2023—2027年）行动计划》（以下简称《行动计划》），形成加强基层卫生与健康工作的"1个总目标+3个工程+16个子项目"的政策体系，以及成立以广东省卫生健康委员会主任为组长、副主任为副组长、各处室负责人为小组成员的领导小组，确保《行动计划》的实施。

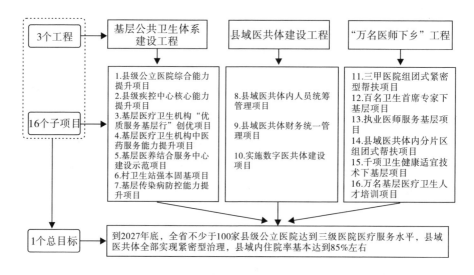

《行动计划》主要内容

二、推动群团组织参与

（一）工会组织参与

为发挥工会力量参与"百千万工程"，广东省总工会出台《关于发挥工会组织作用助力实施"百县千镇万村高质量发展工程"的若干措施》等政策文件，提出鼓励职工乡村疗休养、加强工会消费帮扶、加强就业创业服务与加强基层工会建设四项工作任务。

一是鼓励职工乡村疗休养。2023年11月23日，广东省总工会印发《关于深入开展职工乡村疗休养活动助力实施"百县千镇万村高质量发展工程"的通知》（以下简称《通知》），明确省总工会在全省范围内深入开展职工乡村疗休养的活动内容、活动对象、活动费用与相关要求。

表　《通知》主要内容

事项	主要内容
活动内容	①鼓励各级工会组织职工到县、镇、村开展乡村疗休养、春秋游、工会业务培训、文体比赛、沙龙团建等工会活动，地点优先选择在县城、圩镇、乡村的工人疗养院、疗休养基地和村镇酒店；②职工乡村疗休养活动应以休养、疗养为主要内容，鼓励开展爱国主义教育、形势政策宣讲、乡村振兴学习和技术技能交流活动
活动对象	面向全体在职职工
活动费用	职工疗休养费用包括交通费、食宿费、诊疗费、外出参观学习费等
相关要求	①示范带动，迅速动员；②严肃纪律，安全服务；③加大宣传，营造氛围；④及时上报，压实责任

二是加强工会消费帮扶。2023 年 6 月 9 日，广东省总工会与广东省乡村振兴局印发《关于持续开展消费帮扶工作的通知》，提出要进一步拓展消费帮扶范围、拓宽帮扶产品渠道和加强统筹协调工作，要求各地级以上市乡村振兴部门将省级部分官方消费帮扶平台纳入本市消费帮扶专馆销售平台名录。

三是加强就业创业服务。广东省总工会与广东省农业农村厅、广东省人力资源和社会保障厅联合主办农业行业职业技能大赛，与广东省农业农村厅联合举办农技职工职业技能竞赛，与广东省人力资源和社会保障厅、广东省工业和信息化厅、广东省科学技术厅等联合举办牧业（奶牛养殖）职工职业技能竞赛等，推动农业从业人员的业务能力和素质提升。各级工会开展免费电商平台直播销售、家政服务等职业技能培训，鼓励职工到县镇村就业创业。

四是加强基层工会建设。2023 年 7 月 24 日，广东省总工会印发《关于实施小额缴费工会组织工会经费全额返还支持政策的通知》，持续加强基层工会工作和夯实基层工会服务职工的物质基础。大力实施"强基工程"，健全乡镇（街道）—村（社区）—企业"小三级"工会组织体系，推动工会工作向农村延伸。①

（二）共青团组织参与

一是制定行动方案。2023 年 2 月 20 日，在广东青年助力高质量发展动员会上，共青团广东省委员会发布《广东青年下乡返乡兴乡助力"百县千镇万村高质量发展工程"三年行动》（以下简称《三乡行动》），提出要通过组织城市青年下乡、动员在外青年返乡、培育本土青年兴乡三项重点工作发挥人才集聚效应，明确到 2025 年底将累计组织 10 万名青年下乡帮扶、联系服务 10 万名青年返乡实践、培训服务 10 万名青年提升兴乡技能，力争实现带动 1 万名青年入县下乡就业、培育支持 1 万名青年到县域创业。

表 《三乡行动》中三项重点工作的主要措施

重点工作	主要措施
组织城市青年下乡	①深化广东高校毕业生志愿服务乡村振兴行动，每年派遣志愿者 1 万名 ②每年组建 1000 支"三下乡"重点团队服务县镇发展 ③每年吸引省内外 1000 名青年企业家对接县域产业项目
动员在外青年返乡	④每年组织 3 万名大学生返乡实习就业
培育本土青年兴乡	⑤每年帮助 3 万名乡村青年提升兴乡技能 ⑥每年支持 3000 个县域青年创业项目

二是发起青年兴乡培育计划。围绕系统化培育乡村经营性人才，

---

① 《助力"百千万工程" 广东工会在行动》，《南方日报》2023 年 12 月 6 日。

广东采用"政府+企业+高校"三方联合培育模式，将组织 1 万名青年开展线上培训，帮助掌握乡村经营基本知识，组成青年兴乡预备队；举办线下普及班，培训 1000 名青年，帮助掌握乡村经营基本能力，组成青年兴乡突击队；举办高级班培训 1000 名青年，着重培育已投身乡村振兴一线的优秀青年群体，组成青年先锋队。

三是组建"百千万工程"突击队。首先，组建青年大学生突击队。每年将组建 1000 支青年大学生"百千万工程"突击队，每年将组织不少于 3 万名优秀大学生入县下乡，选聘不少于 1000 名专家作为突击队导师，通过高校与县镇基层"一对一"结对来服务广东高质量发展。① 其次，组建在粤央企青年突击队。2023 年 9 月 11 日，共青团广东省委办公室印发《关于开展在粤央企青年助力"百千万工程"行动的通知》，形成了《在粤央企青年助力"百千万工程"实施方案（试行）》，明确首批在粤央企青年助力"百千万工程"重点项目清单，确立首批 166 支在粤央企青年助力"百千万工程"突击队清单。

（三）妇联组织参与

2023 年 11 月 24 日，广东省妇联开展"学思想 下基层 见行动"活动，包括送政策、送岗位、送技能、送文化、送健康、送温暖等内容。② 首先，开展政策宣讲活动。依托各地新时代文明实践中心（所、站）、党群服务中心、"妇女之家"、"活动中心"、"妇女维权站"等阵地广泛开展宣传宣讲活动。其次，促进妇女群众创业就业。深入实施农村妇女创业小额担保贷款贴息项目，推动企业开发更多"妈妈岗"，开展农村妇女群众就业培训，积极培育新型职业女农民，实施"乡村

---

① 《逾万支广东青年大学生"百千万工程"突击队出发》，中国青年网 2023 年 7 月 8 日。

② 《学习贯彻中国妇女十三大精神助力"百千万工程"广东省妇联启动"学思想 下基层 见行动"活动》，南方网 2023 年 11 月 24 日。

振兴女致富带头人"培养计划，支持"妇"字号农业企业、女性挂帅的家庭农场、巾帼合作社发展，鼓励妇女参与农村新产业新业态。再次，保障困难妇女群众生活。关注单亲贫困母亲、患重病妇女、残疾妇女等特殊困难群体，与农业农村部门联动做好防止返贫动态监测工作。最后，丰富妇女群众精神文化生活。组织文艺志愿服务团队深入基层，以送书、送展览、送讲座、送戏等形式丰富妇女群众精神文化生活。

（四）工商联参与

"民营经济是广东省构建新发展格局、推动高质量发展的生力军。数据显示，2023年前三季度，广东省民营经济增加值超5万亿元，地区生产总值占比五成以上，同比增长4.8%；民营经济税收收入占全省税收总额的六成以上；民营经济出口总额占全省出口总额六成以上，同比增长11.6%，比全省出口增速高出7.7%。"① 为推动民营企业参与"百千万工程"，广东省工商业联合会持续深化"百会万企行动"，广泛发动力量参与乡村建设行动，为城乡带来先进理念、资本资金、优质服务。"百会万企行动"包括一个主题、三个阶段目标、七项重点任务和四项保障措施。按照"县域所需、商会所能"的原则，统筹考虑地方发展需要和商会组织资源优势，引导全省商会组织通过"一对一""一对多""多对一"方式，与109个涉农县（市、区）结对共建。② 一年多来，已有6204家民营企业参与"万企兴万村"行动助力"百千万工程"，结对帮扶4957个村，实施帮扶项目6670个，捐赠27.28亿元。

---

① 《广东促进民营经济高质量发展》，《人民日报》2024年1月15日。
② 《广东召开"百会万企行动"动员会》，《中华工商时报》2023年11月23日。

三、引导社会力量参与

（一）引导社会组织参与

2023 年 10 月，广东省民政厅印发《"百社联百村——助力百千万工程"专项行动实施方案（2023—2027 年）》（以下简称《方案》）。《方案》提出要以"整合资源、分类实施、示范带动、整体推进"为思路，组织动员各类社会组织及所属会员企业在全省范围内开展"百社联百村——助力百千万工程"专项行动。明确助力乡村产业振兴、助力乡村人才振兴、助力乡村文化振兴、建设宜居和美乡村、筑牢民生保障体系、激活乡村治理力量六项主要任务。要求社会组织结合自身优势与当地资源、生态、文化等优势，着力打造乡村振兴的特色样本，积极为全省探索可复制、可推广路径。选取阳江市阳东区作为该行动先行试点，已有 114 家社会组织在阳东区的镇、村开展产业发展、公益慈善等相关项目 76 个，涉及项目资金约 2.6 亿元，通过全方位挖掘县域经济高质量发展潜力，推动城乡区域协调发展。①

表　《方案》框架与主要内容

主要目标	主要任务	实施步骤	工作要求
在促进城乡区域协调发展中作出社会组织应有的贡献	助力乡村产业振兴 助力乡村人才振兴 助力乡村文化振兴 建设宜居和美乡村 筑牢民生保障体系 激活乡村治理力量	部署试点（2023 年 7 月—12 月） 全面启动（2024 年 1 月—3 月） 持续推进（2024 年 4 月—2026 年 12 月） 总结宣传（2027 年 1 月—2027 年 7 月）	提高政治站位 强化组织领导 坚持试点先行 做好服务保障

---

① 《积极引导社会组织助力广东高质量发展》，《中国民政》2023 年第 24 期。

（二）推动华侨华人参与

广东是全国著名侨乡，近 3000 万粤籍侨胞分布在 160 多个国家和地区，广大海外侨胞是助推"百千万工程"落地不可或缺的重要力量。广东省委统战部将广东侨务工作与推动高质量发展紧密结合起来，支持华侨华人在参与"百千万工程"中发挥独特作用，提出实施包含 5 个方面 16 条举措的侨助广东高质量发展行动（以下简称"侨助行动"）。①

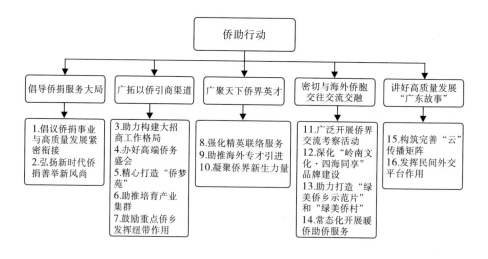

"侨助行动" 16 条举措

广东省委统战部公布的数据显示：2023 年以来在拓展以侨引商渠道方面，全省各地组织 1209 场考察交流活动；在引导侨捐服务大局方面，全省各地累计引导 4.41 亿元侨捐资金支持高质量发展，其中全省各地捐植"侨心林" 36 片，种植面积 160.9 亩，引导热心侨领侨团捐赠绿美广东建设资金 400 万元，捐赠树苗 5 万株；在密切与海外侨胞交往交流交融方面，累计组织引导海外侨胞参与中华文化、岭南文化

① 《"侨助广东高质量发展行动" 16 条举措》，《羊城晚报》2023 年 2 月 17 日。

等体验活动约 3 万人次，举办公益服务活动覆盖在粤侨界群众约 3.2 万人次。①

典型案例：海珠区成立社会力量助力海珠区"百千万工程"行动联盟②

2024 年 2 月 28 日，广州市海珠区统一战线高质量发展大会暨海珠区统一战线服务"百千万工程"推进会在广州创投小镇召开。大会公布了 2023 年海珠区统一战线十件大事，举行了海珠区统一战线智库第三批成员聘任仪式，为 10 名获评 2023 年度海珠区新的社会阶层人士"最美奋斗者"举行了颁牌仪式，现场签订 3 个投资项目意向和 3 个战略合作协议，成立首批海珠区侨创基地和海珠华侨华人国际法律事务服务中心，组织 23 个省、市、区行业组织、商会组织，举办社会力量助力海珠区"百千万工程"行动联盟成立仪式，通过汇聚社会各界力量，整合各方资源，推动"百千万工程"不断走深走实。

社会力量助力海珠区"百千万工程"行动联盟成立仪式

---

① 《省委统战部（省侨办）在肇庆召开侨助"百千万工程"工作座谈会凝聚侨智侨力助推高质量发展》，广东侨网 2023 年 10 月 30 日。

② 《广州海珠：社会力量助力海珠区"百千万工程"行动联盟成立》，羊城派 2024 年 2 月 29 日。

（三）增进农村群众参与

一是多形式向农村群众宣讲"百千万工程"。制作《百县千镇万村高质量发展工程宣传手册》并入户宣传，利用微信公众号、微信群等发布"百千万工程"应知应会；借助专家力量，采用培训、专题讲座、会议座谈等形式让农村群众深入了解"百千万工程"；创新培育一批深入农村群众的宣讲品牌，以农村群众喜闻乐见、易于理解的方式开展宣讲活动等，让农村群众了解"百千万工程"是什么、干什么、怎么干、谁来干。

东莞道滘镇《百县千镇万村高质量发展工程宣传手册》（部分）

二是多路径发动农村群众参与"百千万工程"。发挥基层党组织战斗堡垒作用，依托党群服务中心、党建网格等发动群众参与"百千万工程"，以党员干部示范引领带动农村群众参与"百千万工程"；发挥乡贤在乡村振兴中的作用，动员村内乡贤参与村庄公共事务，发动在外乡贤回乡投资兴业富村建设，比如清远出台《清远市实施乡村运营推进兴村富民方案（2023—2025年）》，着力乡村运营人才建设，通过搭建平台和给予政策资金支持吸引一批新乡贤返乡创业。

三是多方式激励农村群众参与"百千万工程"。持续开展乡村治理积分制，将农村人居环境整治、乡风文明建设、平安建设等转化为积分评价，激发群众参与"百千万工程"的积极性。灵活采用镇村共建、村企共建等模式，让农村群众从中获得可观的乡村运营收益来保障群众参与"百千万工程"的稳定性和长期性。对个人、家庭、集体参与"百千万工程"实施评优活动，通过颁授荣誉称号和奖励先进来激发群众参与"百千万工程"的热情。

茂名高州市根子镇柏桥农创园广场"柏桥夜话"活动

思考题：

1. 基层出现"干部干，群众看"现象的原因有哪些？

2. 如何动员社会力量参与"百千万工程"？

第六章 "百千万工程"的考核评价体系

考核评价有利于促进或改变参与的各类机构、组织、团体或个人采取系列有效措施，以提高这些机构、组织、团体或个人的积极性，激发实现党的领导力、政府的推动力、市场的原动力、社会的协同力、群众的创造力联动发展，实现效益最大化与最优化。推动"百千万工程"形成更为健全的考核评价机制，进行差异化的考核评价制度创新探索，能够聚合多方力量的活力，促进产业、项目、资金、人才和创新要素的优化配置，在更高水平上实现广东各县（市、区）高质量发展。

一、考核评价的整体部署

（一）考核评价的目标定位

1. 树立正向激励的鲜明导向

形成系统科学的"百千万工程"考核评价办法，有力有效保障工作落实，推动全省上下形成强大的战斗力。其中，省"百千万工程"指挥部通过建立客观化、差异化的考核评价指标制度，不断完善各类考核评价办法，使得考核指标既能体现各地工作成果，又能反映工作存在不足，充分发挥好考核的"指挥棒"作用。

2. 完善激励和容错纠错机制

坚持严管与厚爱相结合、激励与约束并重，激励领导干部在"百千万工程"当中敢于担当、积极作为、勇于创新，在新赛道上开展竞争，推动各项工作取得新突破。

3. 推进防范和化解各类风险

省"百千万工程"指挥部办公室建立整体的"百千万工程"全面风险管理体系，建立风险预警机制，定期分析各类参与主体可能的潜在的风险点，并制定风险防范的措施和处置方案。与此同时，省"百千万工程"指挥部办公室加强日常风险评估的工作，把风险管理融入日常业务尤其是关键业务中。

（二）考核评价的基本思路

1. 考核评价依据

包括《决定》等文件和省"百千万工程"指挥部领导同志关于"百千万工程"的指示批示以及省"百千万工程"指挥部召开"百千万工程"相关会议作出的工作要求。

2. 考核评价组织实施

省"百千万工程"指挥部办公室制定了相关方案，着力构建统筹乡村振兴、产业有序转移等考核机制，建立考核评价体系，对市县党委、政府及省有关单位进行考核。其中，考核评价对象包括 122 个县（市、区）党委和政府、21 个地级以上市党委和政府、省有关单位。

二、考核评价的指标设置

（一）设置原则

指标体系设置遵循四个基本原则：坚持分类考评，按照创先、进位、消薄三类对县（市、区）进行差异化考核评价。坚持突出重点，针对主要任务目标设置可采集、可量化、可对比的考核评价项目和指标，注重考核评价工作成效。坚持兼容高效，充分运用已有考核工作成果，按一定权重折算分数。坚持考准考实，以实绩实效说话，增强考核评价公信力。

（二）差别化考核指标体系

《考核办法》为避免考核"一刀切"，采取"共性指标+个性指标+加扣分"的分值体系，精准设置差异化考核指标体系。在共性指标上，紧紧围绕中央战略部署、省市"百千万工程"发展要求，科学设置工作机制、工作任务、改革创新、帮扶协作等关键性、引领性、基础性指标。

根据属性特点、发展目标和年度任务，将被考核对象划分为县（市、区）党委和政府、地级以上市党委和政府、省有关单位等三大类，分别制定不同的考核指标体系和实施细则。

1. 对县（市、区）党委和政府考核重点

对县（市、区）党委和政府重点考核县域经济、城镇建设、乡村振兴、城乡融合、主体功能、改革创新等情况；在个性指标上，对县（市、区）党委和政府主要考评县域经济、城镇建设、乡村振兴、城乡融合、主体功能等核心指标。

2. 对地级以上市党委和政府考核重点

对地级以上市党委和政府重点考核省下达的年度工作任务推进情况、改革创新实际效果、所辖县（市、区）成效、帮扶协作等情况。对地级以上市委和政府主要根据工作任务、改革创新、县（市、区）成效、帮扶协作等业务性指标考核，确保能落实监督管理。在加分事项上，主要考核"百千万工程"相关工作获中央领导同志肯定性批示或党中央国务院通报表扬；获省主要领导同志肯定性批示或国家有关部委，省委、省政府表扬等。扣分事项上侧重于督查发现问题且未整改到位的，工作交办未按时完成的，核查发现考核过程中弄虚作假的，有关事项被党中央国务院、国家相关部委或省委省政府通报批评的。

3. 对省有关单位考核重点

对省有关单位重点考核牵头任务、配套政策体系、改革措施、帮扶成效等情况。通过三类细化分类、同台竞技方式，实现各类对象考核从"一张答卷"到"分道赛跑"的转变。

对省有关单位主要根据牵头任务、政策体系、改革措施、帮扶成效等设立激励指标，在加分扣分事项上同地级以上市党委和政府一样，达到有效激励省有关单位创新服务与支撑落实"百千万工程"建设的目的。

（三）针对基础指标建立以综合指数法为主的考核办法

"百千万工程"探索以发展实力与发展潜力来划定创先、进位、消薄等三类县（区）。其中，针对县（市、区）发展的实力指标包括GDP、人均GDP、财政收入、基本公共服务水平、居民人均收入指标，发展潜力指标包括人力资源、土地、区位、政策平台、生态环境等指标。

省指挥部办公室根据考核对象完成指标任务量、难易程度，以及指标的重要程度，实施指标差异化赋分。针对三类考核对象的基础指标参照《广东高质量发展综合绩效评价体系》的算分方式，应用综合指数法进行测算。具体步骤为：（1）对每个指标数值进行标准化处理，计算个体指数；（2）通过个体指数乘以该指标的得分权重，算出单个指标得分；（3）对数据缺失的指标进行处理，算出基础指标总得分。这些针对不同指标的合理量化赋分，优化提高考核指标、重点项目、重要工作等服务"百千万工程"发展重点指标权重，突出关键性引领性指标的作用。

三、考核评价的组织实施

（一）程序安排

考核评价工作由省"百千万工程"指挥部组织开展，省"百千万工程"指挥部办公室具体牵头落实，省发展改革委、省住房和城乡建设厅、省农业农村厅、省财政厅、省自然资源厅、省统计局等单位参与。

针对"百千万工程"考核可能存在的"大事小事一锅煮一刀切、考不到重点、考不准实绩、考不出优劣"的问题，制定了总结自评、省级抽查核查、群众满意度测评、省级评分、形成考评结果、通报考评结果等程序，确保考出实力、考出压力、考出活力、考出动力。

（二）结果运用

强调将考核评价结果纳入领导班子和领导干部综合考核评价体系、广东高质量发展综合绩效评价体系、省直部门绩效考核体系，作为干部选拔任用、给予地方优惠政策的重要参考。考核评价结果设优秀、良好、一般三个等次。

对考核结果进行通报，激发各地的积极性、主动性、创造性。奖励类型既有奖金，也有非奖金形式（即新增建设用地指标），其中，获评优秀等次的县（市）可获一定的奖金或新增建设用地指标。对考核评价结果靠后或工作不力、存在突出问题的地区和省有关单位，视情况由省"百千万工程"指挥部办公室会同省纪委监委、省委组织约谈党委（党组）主要负责同志或由省指挥部办公室挂牌整治。

针对"百千万工程"的长期性、艰巨性与紧迫性，强化平时督查，定期开展数据评估监测工作，帮助"百千万工程"的考核对象及时发现问题、预警纠偏、整改提升，从而健全常态化督促检查和定期评估机制。另外，对在考核评价中发现的典型经验做法，及时进行总结，并在全省范围内进行推广。

思考题：

1. 如何科学设置"百千万工程"考核指标体系？

2. 如何统筹运用"百千万工程"考核结果？

中 篇

地方实践

第七章　珠三角地区及周边县域的实践

　　珠三角地区及周边县域凭借其优越的区位条件和雄厚的发展基础，在全省"走在前列"使命担当中占据着核心地位。本章从整体概况与类型划分、要素基础与优势条件、发展现状与主要特点三个方面介绍了珠三角地区及周边县域的基本情况，明确了珠三角地区及周边县域深度融入珠三角城市群实现区域一体化发展、打造具有独特优势的"都市+"经济产业体系，以及加快推进以县城为重要载体的新型城镇化建设三大基本目标，并以南山区、顺德区、香洲区、鹤山市、鼎湖区和四会市为典型案例，介绍了其贯彻落实"百千万工程"的主要做法。

一、基本情况

（一）整体概况与类型划分

1. 珠三角地区及周边县域整体概况

　　珠三角地区即珠江三角洲地区，是由珠江水系三大干流西江、北江和东江在入海口冲积而成的三角洲，自然地理条件优越，总面积约1.1万平方千米。从行政区范围来看，珠三角地区包括广州、佛山、肇庆、深圳、东莞、惠州、珠海、中山、江门等9个城市，总面积超过5万平方千米，现有县级行政单元48个，其中市辖区36个，县7个，县级市5个。

表　珠三角地区县级行政区数量分布

序号	地级以上市	县级行政区	市辖区	县	县级市
1	广州	越秀区、荔湾区、海珠区、天河区、白云区、黄埔区、番禺区、花都区、南沙区、增城区、从化区	11	0	0
2	深圳	福田区、罗湖区、南山区、盐田区、宝安区、龙岗区、龙华区、坪山区、光明区	9	0	0
3	佛山	禅城区、顺德区、南海区、三水区、高明区	5	0	0
4	东莞	/			
5	惠州	惠城区、惠阳区、博罗县、惠东县、龙门县	2	3	0
6	珠海	香洲区、斗门区、金湾区	3	0	0
7	中山	/			
8	江门	蓬江区、江海区、新会区、台山市、开平市、鹤山市、恩平市	3	0	4
9	肇庆	端州区、鼎湖区、高要区、广宁县、德庆县、封开县、怀集县、四会市	3	4	1

2. 区县类型分布

按照"百千万工程"区县类型划分，珠三角地区36个市辖区均位于创先类区和进位类区。而在12个县、县级市中，博罗县、四会市、惠东县、鹤山市、台山市、开平市等6个属于创先类县市，恩平市、怀集县、德庆县、广宁县、龙门县等5个属于进位类县市，封开县属于消薄类县市。

表　珠三角地区县级行政区类型划分

序号	类型（数量）	市辖区、县、县级市
1	创先类区 （15个）	南山区、福田区、黄埔区、天河区、龙岗区、宝安区、越秀区、顺德区、南海区、南沙区、海珠区、番禺区、罗湖区、香洲区、龙华区
2	进位类区 （21个）	惠城区、白云区、坪山区、惠阳区、盐田区、禅城区、光明区、花都区、三水区、增城区、荔湾区、高明区、金湾区、蓬江区、江海区、斗门区、新会区、端州区、从化区、鼎湖区、高要区
3	创先类县市 （6个）	博罗县、四会市、惠东县、鹤山市、台山市、开平市
4	进位类县市 （5个）	恩平市、怀集县、德庆县、广宁县、龙门县
5	消薄类县市（1个）	封开县

（二）要素基础与优势条件

1. 自然环境和区位条件优越

珠三角地区自然地理区位条件优越，位于我国东南沿海地区，地处珠江下游，毗邻香港、澳门特别行政区，是中国的地理"南大门"。从资源条件来看，珠三角地区区县所处位置气候条件良好，土壤肥沃，水热充足，地形以平原为主，同时也存在少量丘陵、山地。受到亚热带季风气候主导，夏季高温多雨，冬季温暖湿润。特别是珠江水系沿岸区县，水运便利，交通发达，拥有良好的农业生产条件。从地理区位条件来看，依托珠三角地区靠近港澳和东南亚地区的区位条件，该地区区县拥有便利的对外联系条件和基础，与国外市场联系密切，对外经济非常发达。另外，由于特殊的地理区位和优越的经济社会基础条件，珠三角地区的区县，特别是地处珠三角核心区域的市辖区，在粤港澳大湾区建设、"一带一路"倡议、构建"双循环"新发展格局等国家重大战略中扮演着重要的角色。

2. 经济社会发展基础雄厚

党的十八大以来，珠三角地区全面贯彻新发展理念，主动适应引领经济新常态，区域经济转型升级和优化发展取得重大突破，经济社会发展再上新台阶。从珠三角地区整体来看，地区经济保持中高速增长，经济总量不断实现跨越。2013—2022 年，珠三角 GDP 年均增速达到 6.7%，高于 6.2% 的全国平均水平，比全省平均增速高 0.3 个百分点，对全省经济增长的贡献率达 95.5%。地区经济总量稳步攀升，从 2013 年的 5.35 万亿元增长至 2022 年的 10.49 万亿元，总量增长了 96.1%；人均 GDP 从 2013 年的 9.3 万元增长至 2022 年的 13.37 万元，增长了 43.7%。[①] 从珠三角地区区县经济发展来看，绝大多数区县经济体量大、基础好，对于全面推进"百千万工程"建设具有非常重要的促进作用。2022 年，珠三角地区 48 个县（区、市）中，GDP 规模超过 5000 亿元的有 3 个，分别是南山区、天河区和福田区；GDP 规模位于 3000 亿~5000 亿元的有 6 个，包括龙岗区、宝安区、黄埔区、顺德区、南海区和越秀区；GDP 规模位于 1000 亿~3000 亿元的有龙华区、番禺区和香洲区等 18 个。此外，在 2023 年赛迪顾问发布的"2023 赛迪百强区"榜单中，珠三角地区占据 17 席，在全国省级行政区中数量排名第一；而在全国百强县中，2023 年惠州博罗县排名全国第 69，是珠三角地区唯一上榜的县，排名比 2022 年前进了 12 个位次[②]。

---

① 数据来源：2013—2022 年《广东统计年鉴》。

② 赛迪顾问股份有限公司：《2023 中国县域经济百强研究》。

表　珠三角地区 2023 年全国百强区分布

序号	区	全国排名	序号	区	全国排名
1	南山区	1	10	龙华区	23
2	福田区	2	11	罗湖区	29
3	天河区	3	12	番禺区	31
4	宝安区	4	13	白云区	33
5	龙岗区	5	14	禅城区	35
6	黄埔区	6	15	香洲区	36
7	顺德区	7	16	海珠区	40
8	南海区	9	17	花都区	65
9	越秀区	12			

3. 国家和省市政策支持力度大

在全国层面，党中央和国务院先后印发了《粤港澳大湾区发展规划纲要》《中共中央　国务院关于支持深圳建设中国特色社会主义先行示范区的意见》《横琴粤澳深度合作区建设总体方案》等国家战略政策文件，大力推动珠三角地区高质量发展，对于珠三角地区区县发展的促进作用十分显著。在广东层面，为推动珠三角地区县域经济发展，相继出台了《中共广东省委　广东省人民政府关于新时代广东高质量发展的若干意见》《关于推动产业有序转移促进区域协调发展的若干措施》等文件。而对于具体区县而言，江门开平市、广州市增城区和肇庆市高要区被纳入 2023 年国家乡村振兴示范县创建名单；广州市黄埔区、南沙区、花都区，深圳市南山区、龙华区、福田区，珠海市金湾区，佛山市禅城区，中山市翠亨新区等入选广东首批创建省级安全发展示范试点县（市、区）；广州市荔湾区、广州市天河区、广州市番禺区、深圳市宝安区、深圳市龙岗区、珠海市香洲区、佛山市南海区、佛山市高明区、肇庆市高要区等 9 区入选国家知识产权强县建设试点县，均体现了各个层面对珠三角地区区县发展的大力支持。

（三）发展现状与主要特点

1. 产业经济基础雄厚

珠三角地区是中国经济发展速度最快的地区之一，也是世界上经济增长最快的地区之一。珠三角地区产业经济主要集中在制造业和服务业两个领域。得益于国家和区域政策的支持、地理位置战略优势、方便快捷的外贸往来和国内物流运输，珠三角地区已经发展成为世界上最大的制造业基地之一，在钢铁、化工、电力、纺织、机械等领域具有独特的产业优势。在 2022 年中国工业十强城市中，珠三角占据四席，包括深圳、广州、佛山、东莞。珠三角 9 市规模以上工业总产值超过 15 万亿元，占全省比重超过八成。而在服务业领域，珠三角地区大力推动服务业和消费加快发展，推动研发设计、科技服务等生产性服务业发展，服务业从"传统服务业支撑"发展到"现代服务业拉动"，服务业对经济增长的贡献进一步增强。从具体区县来看，珠三角地区县域经济特色突出，且形成了完整的配套产业链条，如广州市海珠区的现代商贸会展服务业，广州市黄埔区的汽车制造业、生物医药和集成电路产业，广州市花都区的箱包皮具制造业，广州市白云区的化妆品产业，深圳市宝安区的锂电池设备制造业，深圳市南山区的智能识别装备制造业，佛山市南海区的氢能产业和半导体照明产业，江门市江海区的新一代电子信息产业集群，肇庆市高要区的智能五金制造业等。

2. 创新发展能力突出

2022 年广东全省研发（R&D）经费支出 4411.90 亿元，占地区生产总值比重的 3.26%，研发人员数量、发明专利有效量、PCT（专利合作条约）国际专利申请量均居全国首位，区域创新综合能力连续 6 年排名全国第一。在全省层面，珠三角地区创新发展投入与产出效能远远领先于粤东粤西粤北地区。从创新投入来看，2022 年珠三角地区

R&D 经费支出为 4220.31 亿元，占全省 R&D 经费的 95.7%，粤东粤西粤北地区 R&D 经费支出为 191.59 亿元，占 4.3%，珠三角地区处于绝对领先地位。珠三角地区在创新产出方面同样优势明显，2022 年深圳、广州、佛山和东莞的专利授权量分别达到 27.58 万件、14.69 万件、10.64 万件和 9.56 万件，其中深圳市宝安区、南山区、龙岗区、龙华区、光明区、福田区、坪山区，广州市越秀区、黄埔区、天河区、白云区、番禺区，佛山市南海区、顺德区等的年度专利授权量均超过 1 万件，相比之下广东全省有 11 个城市的年度专利授权量低于 1 万件，且绝大多数位于粤东粤西粤北地区，体现了珠三角地区雄厚的创新基础、突出的创新能力和显著的创新效能。[①]

3. 外向型经济发达

从全国来看，2022 年全国外贸进出口总量前十城市中，珠三角城市占了三个，分别是深圳、东莞和广州，珠三角地区外贸在全国外贸总额中的份额常年保持在 20% 左右。从全省来看，2022 年广东外贸进出口总额达到 8.31 万亿元，比 2021 年增长 0.5%。具体到珠三角地区，地区实际利用外资占全省比重常年超 90%，2022 年珠三角地区 9 市中有 5 个城市实际利用外资实现了 2 位数的增长。从具体区县来看，珠三角地区区县 2022 年已经形成了一批特色鲜明的对外贸易产业体系，打造了一批外贸产业特色区县，如深圳市龙华区大浪国家外贸转型升级基地（服装），通过产业数字化转型赋能基地，打造"世界级时尚特色小镇"新名片；佛山市顺德区国家外贸转型升级基地（家具），通过新媒体多渠道多平台推动品牌建设，不断提升基地特色产业知名度；珠海市香洲区国家外贸转型升级基地（家电）和珠海市打印耗材基地，积极推动线上线下抱团参展，高效精准开拓国际市场；汕头市澄海区国家外贸转型升级基地（玩具），积极发展贸易新业态，持续优化产业带数字化水平。

---

① 广东省市场监督管理局：《2022 广东省知识产权统计数据》。

4. 城镇化水平高

2022 年，珠三角地区城镇化率高达 87.5%，与北京持平，略低于上海。从区域内部来看，全国 6 个城镇化率超 90% 的城市中，有 4 个位于珠三角地区。其中，深圳城镇化率高达 99.8%，佛山为 95.2%，东莞为 92.2%，珠海达到 90.8%。从具体区县来看，第七次全国人口普查数据显示，荔湾区、福田区、端州区、香洲区等 19 个市辖区城镇化率均达到 100%，顺德区、蓬江区、黄埔区等 5 个区城镇化率超过 90%，番禺区、高明区、白云区等 3 个区城镇化率超过 80%，体现了较高的城镇化水平。此外，珠三角地区的建成区面积、路网密度持续增长，医疗、教育、就业、社保、公共服务等城镇化建设"软硬环境"也得到不断改善。

二、政策要求

（一）深度融入珠三角城市群实现区域一体化发展

《决定》指出，"加大城乡区域统筹力度，促进发展空间集约利用、生产要素有序流动、公共资源均衡配置、基本公共服务均等覆盖，破除城乡二元结构"，并从规划建设一体化、基础设施一体化、要素配置一体化、生态环保一体化、基本公共服务一体化等五个方面出发统筹推进城乡融合发展。具体来看，珠三角地区区县深度融入珠三角城市群实现区域一体化发展的主要目标：一是加快农业转移人口的就地城镇化，吸纳农村剩余劳动力，进一步提升城镇化率。二是统筹做好区域城乡一体化发展规划，在珠三角城市群的基础上，做好珠江口西岸都市圈与珠江口东岸城市的规划统筹，做好区域与城乡统筹。三是以构建"12312"交通圈为目标，按照城市群"多中心""组团式"发展思路，优化珠三角地区综合交通枢纽布局，形成多元、立体、互通的交通网络，特别是要补齐区县、城乡交通基础设施短板，推动交通基础设施更多向城乡地区延伸。四是推进城乡区域要素市场化配置综合改革，破除区域和城乡之间在土地供给、科技创新、人才配置、金融资本等方面的要素流动壁垒，提升发展资源要素的配置效率和空间协调性。五是构建区域统筹、城乡一体的基本公共服务体系，引导教育、医疗、社会保障等资源在区域和城乡之间均衡分布，提升要素资源的共享水平与效益。

（二）打造具有独特优势的"都市+"经济产业体系

《决定》提出，要"推动县域高质量发展"，"统筹抓好产业兴县、强县富民、县城带动，让县域进一步强起来、富起来、旺起来，在不同赛道上争先进位"。具体来看，珠三角地区各区县要立足本区域独特资源要素禀赋，以联动、服务都市圈产业为目标，打造具有独特优势的"都市+"经济产业体系，特别是要将本地的经济产业体系放在珠三角地区统一考虑，推动城市与乡村产业体系的深度对接和空间捆绑。一是要加快承接大都市区产业转移，构建完善的区域间产业转移合作与帮扶机制，构建产业转移承接平台，提升产业承接能力和要素支撑能力。二是要立足本区域特色与优势，按照"宜农则农，宜工则工，宜游则游"的原则，培养一批绿色生态有机农业特色区县，大力发展都市圈"菜篮子"；做大做强工业有机疏解转移区县，以产业转移为契机加快构建跨区域间的城乡一体化工业产业链，引导产业链延伸和拓展；建设一批乡村旅游示范县，打造珠三角地区的旅游目的地和消费地。三是要加快创新发展要素向县域流动，特别是要提升县域的数字化建设水平和管理能力，加速数字要素赋能现代农业、高端制造和乡村旅游，提升产业发展的经济与社会效益。

（三）加快推进以县城为重要载体的新型城镇化建设

《决定》强调："推进以县城为重要载体的城镇化建设。推动县城公共服务设施提标扩面、市政公用设施提档升级、环境基础设施提级扩能、产业配套设施提质增效、城产产城融合发展，不断提升县城综合承载能力。"珠三角地区各区县要立足各自功能定位、资源环境承载能力和产业发展基础，按照区县类型划分标准，加快推进以县城为重要载体的新型城镇化建设。一是促进城乡要素合理配置，鼓励城市人才入乡，推进农村土地制度改革，健全财政金融保障机制，促进工商资本入乡。二是推进城乡基本公共服务普惠共享，推动城乡教育资源均衡配置，统筹城乡医疗卫生服务体系建设，强化城乡全方位公共就业服务，健全城乡公共文化服务体系，完善城乡统一的社会保障制度。三是推进城乡基础设施一体化规划建设与管护，把公共基础设施建设重点放在乡村，补齐乡村公共基础设施建设短板，坚持先建机制、后建工程，加快推动乡村基础设施建设提档升级，实现城乡基础设施统一规划、统一建设、统一管护。四是促进城乡产业协同发展，搭建城乡产业协同发展平台、产业融合发展体系，探索生态产品价值实现机制，建立乡村文化保护利用机制。五是缩小城乡居民收入差距，拓宽农民增收渠道，持续巩固提升脱贫攻坚成果。

三、典型案例

（一）南山区

1. 基本情况

南山区隶属于广东省深圳市，位于深圳市中西部，东与福田区毗邻，西与宝安区相连，北与宝安区、龙华区接壤，南临蛇口港、大铲岛和内伶仃岛，东南隔深圳湾与香港元朗区比邻，西南隔珠江口与澳门、珠海相望，辖区土地面积185.22平方千米，海岸线长43.7千米。南山区下辖南山、南头、西丽、沙河、蛇口、招商、粤海、桃源等8个街道。2023年南山区地区生产总值为8566.02亿元，同比增长5.1%。其中，第一产业增加值为1.10亿元，同比增长34.7%；第二产业增加值为 2529.67 亿元，同比增长 6.3%；第三产业增加值为 6035.25 亿元，同比增长 4.7%。

2. 主要做法

（1）打造具有全球影响力的科技创新中心服务国家科技自立自强

一是科技创新取得新成果。2023 年全区无人机产业链企业超 160 家，消费级无人机占全球市场 70%以上；国内首个拥有自主知识产权的半潜式海洋漂浮式光伏发电平台下水拖航；我国首个深水高压气田"深海一号"二期工程导管架安全出港；国微集团自主研发的高端数字 EDA（电子设计自动化）工具打破国外垄断。2023 年南山区全社会研发投入占 GDP 比重达 6.3%，国内有效发明专利 12.3 万件，占全市 41.4%，南山区每万人发明专利拥有量 676.9 件，约为全国的 23 倍。迈瑞、大疆等企业获第二十四届中国专利奖金奖 3 项、银奖 5 项、优秀奖 27 项，由南方科技大学等单位参与完成的 12 个项目获广东省科学技术奖一等奖。二是创新生态持续优化。南方科技大学"双一流"建设稳步推进；深圳大学 18 个学科进入 ESI（基本科学指标数据库）世界排名前 1%；深圳职业技术大学正式成立，办学层次升格为本科；深圳零一学院、深圳科创学院永久校区落地，拔尖人才培养和体系化创业教育新模式不断完善。载体建设扎实推进。西丽湖国际科教城融合创新中心投入运营，成功引进国际科技信息中心南山分中心等 8 家功能性平台机构。鹏城实验室石壁龙园区一期建成，生物医药创新服务平台等项目扎实推进，英特尔大湾区科技创新中心落地，国家级孵化器增至 17 家。西丽湖论坛高规格举办。《西丽湖国际科教城空间规划纲要》正式出台，哈尔滨工业大学（深圳）集成电路学院揭牌，"鹏城·脑海"通用 AI（人工智能）大模型进阶版面世，大沙河生态长廊进一步提升"创新+生态"城市活力。三是稳步推进科技创新人才工作。南方科技大学校长薛其坤获国际凝聚态物理领域最高奖，讲席教授桑姆尔森当选中国科学院外籍院士；中国科学院深圳先进技术研究院教授郑海荣、深圳大学教授李清泉当选"两院"院士，新增全

深圳南山区大沙河畔科技园

职院士 10 名。吸引更多创新人才。举办"深圳创投日"等活动，广泛链接全球资源。实施"招才引智"加速计划。深化产学研合作，创新"招工即招生、入企即入校"模式，建成终身职业技能培训载体 49 个，全区技能人才超 43 万。

（2）扎实推进对口帮扶协作推动城乡区域协调发展

《决定》指出，"把县域作为城乡融合发展的重要切入点"。同年，广东省委办公厅、省人民政府办公厅发布《关于印发〈珠三角地区与粤东粤西粤北地区对口帮扶协作实施方案（2023—2025 年）〉的通知》，进一步加强珠三角地区与粤东粤西粤北地区对口帮扶协作，促进城乡区域协调发展。其中，南山区对口帮扶协作汕头市濠江区。南山区市场经济发达、创新资源密集、产业优势突出，而濠江区区位优势独特、资源禀赋突出、文化底蕴丰厚，南山—濠江两地有着天然的合作基础，有很多深度合作的空间。两地通过立足实际，积极发挥各自优势，找准切入点、着力点，按照共商共建共管共享模式，高标准建设产业转移合作园区，实现优势互补、合作共赢。一是南山区坚持"濠江所需、南山所能"的原则，通过进一步加大南山对口帮扶协作濠江支持力度，深汕产业转移合作产业园濠江片区平台扩容提质增效成果显著，曾经的"深圳智慧"已转化为独具特色的"汕头路子"。在汕头"三新两特一大"产业布局思路的指导下，该园区已引进68家智能制造、新材料、电子信息等领域的创新型企业。二是举办"深汕携手 合作共赢"——2023年深圳—汕头共建产业园区招商推介会，深圳对口帮扶协作汕头指挥部、深圳市工业和信息化局、深圳市南山区工业和信息化局、汕头市投资促进局、汕头市濠江区等有关领导出席本次招商推介会，与来自深圳的50多家企业共商合作，全面推介汕头市、濠江区及深圳—汕头共建产业园区的产业布局、营商环境、惠企政策等。

（二）顺德区

1. 基本情况

顺德区是广东佛山五个行政辖区之一。位于广东南部，珠江三角洲平原中部，广佛同城的西南边界，广佛肇经济圈的南部，是佛山与广州联系的重要核心区域之一。顺德毗邻广州、中山、江门三市，南近港澳，面积806平方千米，下辖4个街道、6个镇、206个村（社区）。2023年顺德区生产总值同比增长4.5%，第二产业增加值2626.24亿元，占GDP比重达60.8%；规上工业总产值达11066.22亿元，同比增长6.2%，占全市比重达35.5%；规上工业增加值同比增长6.8%。入选省"百千万工程"典型区，连续12年位居全国综合实力百强区榜首，位列2023年全国工业百强区第3名，质量强国建设获国务院督查激励。

2. 主要做法

（1）打造"中国家电之都"

2023年，顺德区规模以上工业总产值同比增长6.2%，规模以上工业增加值同比增长6.8%，其中先进制造业和装备制造业的增加值平稳增长，分别增长7.7%和3.1%，为全区家电产业的持续发展奠定了坚实基础。截至 2023 年 8 月，顺德家电总产量约占全国 15%，出口额约占全国 10%，家电产业本地配套率高达 80%，全区现有家电生产及配套企业 3000 多家，家电近五年产值年均复合增长率达 13.9%。其中，顺德区及北滘镇于 2006 年分别被授予"中国家电之都""中国家电制造业重镇"的称号，并相继于 2011 年、2014 年、2018 年、2023 年成功复评。2023 年 7 月 17 日，顺德区委十四届四次全会召开，对"打造最友好的制造业强区"部署提出更进一步要求，全会报告指出，制造业是顺德经济命脉所系，打造最友好的制造业强区是推进顺德高质量发展最重要的举措。为此，顺德以"五个要"，努力在打造最友好的制造业强区上先行一步、作出示范。一是出让要"快"，市场要"稳"。佛山具有一流的营商环境、雄厚的产业基础、完整的产业链条，要高质高效推进制造基地建设，吸引和带动产业链上下游企业集聚。二是转型要"实"，科技要"高"，人才要"广"。数字经济是推进产业基础高级化、产业链现代化的有力抓手。作为制造业大区，顺德制造业企业数量近 3 万家，其中，规模以上企业近 3000 家，数智化转型升级需求巨大。为此，顺德区在 2023 年 6 月印发《佛山市顺德区支持数字

顺德区北滘镇美的集团总部大楼

经济集聚发展若干政策措施》，提升顺德数字经济"软"实力。全区制造业数智化转型要"实"，要积极用好市制造业数字化智能化转型发展扶持资金，引进培育一批数智化转型服务商，摸清一批中小制造企业转型的堵点、痛点，打造一批有转型实效的数字化示范工厂、车间，带动一批传统产业获得转型升级优势。

（2）以对外贸易积极发展外向型经济

近年来，面对疫情带来的冲击和外部发展环境的不确定性，顺德经济发展承压明显，2023年全区外贸进出口总值2409.3亿元人民币，比上年同期下降10.4%。其中，出口2065.5亿元，下降9%；进口343.8亿元，下降18.1%。2022年12月，顺德区外贸进出口总值184亿元，下降13.6%。一方面，顺德的制造业仍然表现出十足的韧性，2023年规模以上工业增加值同比增长6.8%，工业"压舱石"作用凸显。作为顺德家电产业的"老大哥"，美的集团逐渐向着机器人与自动化、楼宇科技、新能源汽车零部件、先进储能等战略性新兴产业转型，也实现了利润增速快于收入的结构优化。由顺德工业设计园升级建成的"广东工业设计城"是顺德被赋予地级市部分权限后的首个省区共建项目，截至2023年底已经吸引了8645名设计研发人员、57家高新技术企业、50多个自主品牌，累计有效专利数3069项，核心区共有国内外设计企业303家、设计师3057名，创新设计产品转化率接近85%。除"中国家电之都"外，顺德还拥有"中国家具设计与制造重镇"等多个称号，家电、家具、五金、装备制造等4个产业成为国家级外贸转型升级基地。这正呈现了制造型企业国际化经营能力不断提升，全区外向型经济的内生动力不断增强。同时，跨境电商、市场采购等外贸新业态也在顺德迅速发展，为更多中小企业对外贸易提供便利。

（三）香洲区

1. 基本情况

香洲区成立于1984年6月，作为珠海的主城区，是全市政治、经济、科技、文化中心。香洲毗邻港澳，是珠海经济特区的发源地，也是内地唯一同时与香港、澳门路桥相连的城区。香洲区土地面积555.29平方千米，下辖10个镇街，包括南屏镇及拱北、吉大、狮山、翠香、香湾、梅华、前山、湾仔、凤山9个街道，共计135个社区居委会。辖区内有拱北、港珠澳大桥、九洲港、湾仔、珠澳跨境工业区、青茂等国家一类口岸。其中拱北口岸是全国第一大陆路口岸。2023年实现全区地区生产总值1854.8亿元，增长5.1%；一般公共预算收入44.97亿元，增长6.9%；规模以上工业增加值502.15亿元，增长8.9%；社会消费品零售总额842.02亿元，增长3.1%。

2. 主要做法

（1）聚焦经济抓产业高质量发展

2023年，香洲区持续做优做强实体经济，把制造业当家作为头号工程，实现全年规上工业增加值增速达到8.9%，制造业税收有较大增加。推动南屏科技工业园提质升级，继续做好企业服务工作，力争三年内工业总产值突破2000亿元。持续掀起三溪科创城建设热潮，加快格力、华发5.0项目及企业自建项目等建设，打造三溪光谷。大力培育科技企业，完成高新技术企业700家、科技型中小企业820家的目标任务，在高水平科技自立自强上有明显进步。全区规上工业增加值连续三年保持高速增长。2023年完成工业投资55.66亿元，增长13.2%；制造业税收120.72亿元，增长36.7%；重点产业快速发展，智能家居产业增长25.1%，光电产业增长10.6%；新增省级制造业"单项冠军"企业5家（总数10家）。2023年香洲区大力实施专精特新和高新技术企业培育行动，新增16家专精特新"小巨人"企业，增量在全省县（区）级排名第三；新增121家省级专精特新中小企业（总数332家）；新增省级创新型中小企业211家（总数519家）；新增高新技术企业204家（总数752家）；新增上市挂牌企业4家。全区2023年实现进出口642.86亿元，增长4.5%，出口482.85亿元，增长8.1%；跨境电商增长迅猛，实现进出口85.8亿元，增长63.5%。

（2）聚焦生态抓城市环境提升

香洲区制定了整治攻坚行动方案，实施分区分类管理，将全区63条道路8个重点区域划分为严禁区、严管区和控制区，实行区领导包干制，并将压力传导至部门、镇街、社区，按照创文责任链分工，明确牵头领导、责任部门和时限要求，突出工作重点和区域，确保"整治一片，提升一片，巩固一片"。大力开展旧村环境整治活动，改善城中旧村的人居环境，特别要加强翠微、联安、上冲等正在开展拆迁的城中村的环境卫生。抓好水污染防治，加快推进前山河二期、凤凰排洪渠整治项目，完成广昌水闸建设，继续开展排水管理"三进"行动，巩固黑臭水体"长治久清"成效，确保前山河水质稳定达标、持续向好。大力开展植树造林活动，落实林长制，按计划推进凤凰山、鹅槽山、黑白面将军山等山体的造林绿化、美化，加快推进香山湖公园生态建设示范点项目建设，大力开展"人人动手、绿美珠海"植树活动，争取完成种植20万株的量。

香洲区吉大海滨公园城市景观绿化带

（四）鹤山市

1. 基本情况

鹤山市是广东省辖县级市，由江门市代管，地处广东省中南部，珠江三角洲西南部，西江下游右岸。土地面积 1082.67 平方千米。截至 2023 年底，鹤山市下辖 1 个街道、9 个镇。2023 年鹤山市地区生产总值首次突破 500 亿元，达到 502.87 亿元，增长 6.2%。三大产业全面回升，第一产业增加值 40.96 亿元，增长 5.1%；第二产业增加值 274.0 亿元，增长 9.3%；第三产业增加值 187.91 亿元，增长 2.3%。

2. 主要做法

（1）"制造业当家"创全国工业百强县

鹤山市"七山一水两分田"，由于山地比重高，连片水田不多，农业耕作条件不具备规模化的优势。广东提出"制造业当家"，特别切合鹤山实际，鹤山市未来发展主要靠制造业。截至 2023 年 5 月，鹤山市有规模以上工业企业 604 家，是冲击全国工业百强县的强有力基础。鹤山市重点抓好三方面工作：一是在招商引资方面，持续深耕新一代信息技术、先进材料、高端装备制造三大战略性支柱产业，大力发展硅能源及储能产业、汽车零配件、智能电子等三大新兴领域。2023 年鹤山市共引进亿元以上项目 68 个，计划总投资 282 亿元，均创近五年新高。其中，制造业项目占比近九成，健泰汽车零部件、晶豪达等 4 个项目投资额达 20 亿元。二是在坚持"制造业当家"方面，鹤山高位搭建制造业当家"一把手"工程指挥体系，2023 年以来筹集各类资金 30 亿元投入园区建设，隆基绿能和信义玻璃两个省重点项目竣工在即，广东（江门）硅能源产业基地已现雏形，江门大型产业集聚区雅瑶先行启动区吸引志高空调等优质项目落户，省产业转移重点主平台建设成势见效。三是在优化营商环境方面，鹤山市坚持把优化营商环境作为鹤山市委全面深化改革"一号工程"，致力打造珠三角最优营商环境县（市），打好招商引资大会战，组建了由鹤山市四套班子领导牵头挂帅的 24 支招商小组开展全员招商，在持续深耕装备制造、电子信息、新材料三大主导产业的同时，大力抢占硅能源、新型储能、汽车零配件、智能电子等特色产业新赛道。此外，鹤山还大力实施规上工业企业倍增和纳税亿元级企业培育行动计划，2023 年新增规模以上工业企业 107 家，连续两年新增超 100 家规上工业企业。

（2）建强富美乡镇，建美岭南水乡

鹤山市下辖 10 个镇（街），资源禀赋差别较大，发展基础不尽相同。因此，针对不同的镇（街）采取不同的发展思路，一方面是加快沙坪、共和"南北双城"建设，提升北城区的城市功能和经济活力，加快南城区产城融合，提高生产生活配套条件，打造城市"副中心"；另一方面是突出"一镇一策"，开展"强镇赋能"行动。比如，继续推动共和镇在全国千强镇中争先进位，把址山镇打造成鹤山市第二个全国千强镇。另外，深入挖掘各镇特色，引导各镇差异化发展，支持古劳镇、宅梧镇建设珠三角生态文旅示范镇，支持双合镇做大做强红茶、粉葛产销基地，打造现代农业强镇等。鹤山市建设宜居宜业和美乡村、建设岭南水乡的主要举措：一是分类施策。结合各村产业资源、林地资源、生态旅游资源及历史文化资源等，把全市 116 个行政村（居）分级分类抓好建设，2023 年率先打造 22 个"百千万工程"示范村，以点带面、示范引领乡村全面振兴。二是提升风貌。加强农房农村风貌管控，重点破解农村"有新房无新貌、有新房无新村"问题，以古劳为重点打造历史底蕴深厚的水乡古镇，做好乡村风貌规划和管理，既要改善乡村人居环境，又能留住乡愁。三是加强村"两委"班子建设，提升村、组两级干部的执行力。重点加强农村集体"三资"管理，用好村、组两级资源，探索资源发包、物业出租、居间服务、资产参股等途径，发展壮大集体经济，力争到 2025 年所有行政村（居）的村组集体年均收入达到 400 万元。

鹤山市古劳水乡旅游区

（五）鼎湖区

1. 基本情况

鼎湖区，1988年建区，是肇庆市中心城区重要组成部分，因我国首个国家级自然保护区即被誉为"北回归沙漠带上的绿色明珠"的著名风景区鼎湖山而得名。总面积552平方千米，常住人口25.9万人，辖坑口、桂城、广利3个街道办事处和永安、沙浦、莲花、凤凰4个镇，设53个村民委员会、30个社区居民委员会，境内有385个自然村。2023年鼎湖区地区生产总值增长5.3%，增速排名全市第二；2024年第一季度鼎湖区地区生产总值增长6.3%左右，增速排名全市第二；人口净流入每年近10%。

2. 主要做法

鼎湖区把"百千万工程"作为头号工程，全力实施"绿色崛起、产业强区"战略，锚定新能源汽车及汽车零部件、电子信息两大主导产业和文旅康养、食品饮料等特色产业，一体推进强区促镇带村，推动坑口街道、桂城街道、广利街道打造集产业、居住、商业、文旅于一体的城市中心，永安镇、莲花镇全力打造成为工业示范镇，沙浦镇全力推进创建国家农业产业强镇和全域创建中国农业公园，凤凰镇打造运动休闲森林探险度假区。

（1）打造全市发展最具活力的产业之城

聚焦制造业快速转换发展动能，近年来新引进喜珍电路、希音、维珍妮等超 10 亿元制造业项目 11 个，引进襄阳光瑞、长春派格、捷翼科技等 40 家汽车零配件企业。2023 年新引进项目 50 个，投资总额约 107.5 亿元，达产后年产值约 170 亿元，年税收约 5.2 亿元。2023 年鼎湖区共有 124 家规模以上工业企业，净增 23 家，规上工业增加值增长 13.6%，增速排名全市第二；2024 年第一季度规模以上工业增加值增长 17.1%，增速排名全市第二。坚持以"不叫不到、随叫随到、说到做到"的"三到"服务推动企业快速落地、快速建设、快速投产、快速达产，依托项目见面会、微信工作群、服务专员三个抓手，2023 年为企业协调处理项目落地事项 300 余个，全年新增开工项目 26 个、竣工项目 33 个、投产项目 18 个，平均每 6 天就有一个项目开工、竣工、投产，其中常熟汽饰项目从拿地到试产仅用 6 个月，跑出"鼎湖速度"。

鼎湖区·肇庆新区粤港澳大湾区生态科技产业园

（2）打造全市生活最具特色的品质之城

城市配套设施日益完善，全市首个万达广场、全市首家国际著名品牌酒店肇庆喜来登酒店顺利开业运营，肇庆首个大型综合性儿童公园落户并建成运营，广东公共卫生与健康医学院、广州应用科技学院（肇庆校区）、中山大学附属第三医院肇庆医院、肇庆正大国健康复医院等配套设施已建成投入使用。推进文明城市创建制度化、常态化、长效化，积极打造"烟头不落地"城市。成功举办全国体操锦标赛、百里徒步、百公里骑行、马拉松、铁人三项、龙舟赛、明星演唱会等多场大型文体活动。鼎湖山"问鼎"火爆"出圈"，不少网红、大学生"特种兵"远道而来到鼎湖山景区宝鼎园许愿祈福，"鼎湖山扔许愿球"相关话题登上各大平台本地热搜榜。2023年共接待游客160.7万人次，增长77%，实现旅游收入约16亿元，增长60%。2024年第一季度共接待游客约22.9万人次，实现旅游收入约2.2亿元。

（3）打造全市生态最具向往的绿美之城

鼎湖区山水、空气好，建立自然保护地12个，占区总面积37.36%。地表水市考（含省考）断面水质综合指数、水环境质量连续三年排名全市第一，空气综合质量指数连续五年排名东南片区第一，西江永安、鼎湖坑口和九坑河断面水质均稳定保持Ⅱ类水标准或以上，水质达标率100%。鼎湖山国家级自然保护区入选第四批全国自然教育基地，与中国科学院华南植物园合作共建广东（肇庆）植物园，成功举办粤港澳大湾区（鼎湖山）生物多样性大会。广泛动员行业协会、商会、统战团体等社会各界投身绿美鼎湖建设，超300家企业、团体和个人认捐、认种超3万棵树，实现所有村（社区）结对帮扶全覆盖。

（4）打造全市城乡最具平衡的富裕之城

沙浦镇成功入选2023年国家农业产业强镇创建名单，全国首个绿色鱼盒马村在沙浦镇揭牌。观星农业被授予2023年全国现代农业全产业链标准化示范基地、全国绿色食品高质高效试点企业，德邦坚农业成为全省首批挂牌广东乡村振兴板企业，海大集团投资建设的名优水产种业育苗中心成为全省占地面积最大的陆基养殖基地。全区纳入农村人居环境考核的56个行政村全部达到干净整洁村标准，自然村集中供水覆盖率达100%；100人以上自然村村道和自然村村内道路硬化完成率 100%。"山水凤凰·彩虹画廊"乡村振兴示范带列入全省乡村振兴示范带典型案例。代表市参加省乡村振兴战略实绩考核获优秀等次。2023 年鼎湖区全体人均可支配收入 35169 元，增长 4.8%，城镇人均可支配收入 36010 元，增长 4.7%，农村人均可支配收入 32545 元，增长 4.8%，城乡居民收入比由 2020 年的 1.14∶1 缩小到 2023 年的 1.106∶1。

（5）是打造全市保障最具温度的幸福之城

民生支出占一般公共预算支出比重连续保持在 65.8% 以上。孤儿供养、"两残"补贴、高龄津贴等标准均超过省市要求，其中在全市率先研究出台《鼎湖区 80 岁以上高龄老人政府津贴办法》，大幅提高高龄老人津贴补贴标准，其中 100 周岁（含 100 周岁）以上老人每人每月津贴高达 5000 元，打造让老年人生活最有尊严最具幸福感的城市。推动鼎湖区吴大猷教育基金会成立，已收到超 6200 万元捐赠，颁发奖教奖学助学金 700 多万元。新建改扩建新区中心小学、华侨城小学、吴大猷学校等 6 所学校投入使用，新增义务教育学位 9075 个。实施入学兜底政策，所有企业务工人员子女入读公立学校。鼎湖区中医院成为广东省中医院协作医院，中山大学附属第三医院肇庆医院获批第四批国家区域医疗中心项目。成立鼎湖区慈善会鼎湖健康基金，收到超 1000 万元捐赠，社会尊医重卫氛围浓厚。

（六）四会市

1. 基本情况

四会市，广东省辖县级市，由肇庆市代管。因境内四水（西江、北江、绥江和龙江）相会，故名"四会"。位于广东省中部、肇庆以东，珠江三角洲西北边缘，地处西、北、绥三江下游，北回归线将全境南北一分为二。东与佛山市三水区交界，南与鼎湖区相连，西南与高要区相邻，西北与广宁县接壤，东北与清远市清新区毗邻，属珠江三角洲经济区范围。全市总面积 1166.38 平方千米。2023 年四会全域

（含大旺街道）完成地区生产总值 759.15 亿元，占肇庆全市的 27.2%；规上工业总产值 2150.08 亿元，占肇庆全市的 46.7%；规上工业增加值 379.88 亿元，占肇庆全市的 44.1%；全社会固定资产投资总额 421.12 亿元，占肇庆全市的 27.8%；社会消费品零售总额 451.57 亿元，占肇庆全市的 38.2%；一般公共预算收入 48.63 亿元，占肇庆全市的 27.5%。

2. 主要做法

（1）大力推进承接产业有序转移主平台建设

2023 年四会市大力推进承接产业有序转移主平台建设，累计投入 34 亿元打造"1+4+N"园区格局，共计申报 90 多亿元专项债用于园区基础设施项目建设，目前主导园区开发总面积 2.5 万亩，加快把广东省（肇庆）大型产业集聚区起步区打造成为千亿级产业集聚区；大力推动肇庆高新区四会产业园、电子信息产业园、精细化工园、南江工业园四大主导园区扩容增效或转型升级，其中精细化工园正加快创建省级高新区和三期扩园建设，全力打造全省乃至全国精细化工专业园区；积极打造铜科技产业园、新能源汽车及汽车零部件产业园等 N 个特色制造业园区，更好承接珠三角核心区产业有序转移。四会市持续

肇庆高新区四会产业园

壮大县域经济，铜铝深加工、精细化工等"主导+特色"产业提质增效，新能源汽车及汽车零部件、新型储能等战略性新兴产业项目取得新突破。

（2）推进"城区强中心、乡镇强功能"建设

四会市依据"43223"（4个城区街道、3个中心镇、2个工业类专业镇、2个农业类专业镇、3个特色镇）镇域分类，推动"城区强中心、乡镇强功能"建设，加快构建"中等城市—中心城镇—专业特色镇"梯次衔接、功能配套、用地节约的"雁阵"新型城镇体系。一是大力推动"城区强中心"。提升四会城区规模能级，按照中等城市的标准规划建设，强化城市发展核心区建设，持续增强作为肇庆市域副中心城市的辐射力和影响力。要坚持城区"拥江、东进、南拓、西优、北连、中心提质"发展路径，向东推动四会—高新区组团发展、高效衔接，打造产城融合制造新城；向南加快贞山新城建设，完善城市功能设施，构建绥江"一河两岸"城市发展格局；向西优化科教、产业、专业市场等城市资源配置，提升片区发展新活力；向北加快连接下茆镇、龙甫镇中心，实现产城融合发展；老城区实施城市更新和功能完善行动，强化商贸服务功能，提升城市品位。要持续壮大以玉器特色产业为核心的城市经济，推进玉器文化特色小镇建设，建好玉文化艺术博物馆等文化新地标。二是加快实现"乡镇强功能"。推动各镇街宜工则工、宜农则农、宜商则商、宜游则游，走出特色鲜明的强镇之路。大力发展大沙、江谷、地豆中心镇商贸经济，其中大沙镇加快建设成为千亿级产业新城和全省镇域高质量发展示范样板。建专建精龙甫、下茆、石狗、黄田专业镇，推动龙甫、下茆两个工业类专业镇电子信息、精细化工等产业规模不断发展壮大，擦亮黄田（柑橘）、石狗（兰花）两个农业类省级专业镇金字招牌。建特建优罗源、迳口、威整特色镇，打造迳口环保低碳特色镇、威整生态特色文旅名镇，擦亮罗源"广东十大绿美森林小镇"品牌。全力推进美丽圩镇建设，建设完善的服务圈、兴旺的商业圈、便捷的生活圈。

思考题：

1. 如何认识珠三角地区在实施"百千万工程"战略大局中的定位与作用？

2. 如何把握珠三角地区及周边县域实施"百千万工程"的重点？

第八章　产业实力较强县域的实践

在"百千万工程"推进实施过程中，产业实力较强县域凭借强大的产业优势发挥着至关重要的作用，主要任务与目标是进一步做强主导产业，强化产业平台支撑，发展成为先进制造、商贸流通、文化旅游等专业功能显著的区域。本章重点介绍产业实力较强县域的基本情况，明确产业实力较强县域做强特色产业、强化平台支撑、推进科技赋能及优化营商环境等四大政策要求，并重点介绍黄埔区、普宁市、博罗县及台山市推动落实"百千万工程"的主要做法。

一、基本情况

（一）产业实力较强县域集聚珠三角

赛迪顾问发布的《2022 广东省区县高质量发展百强研究》① 结果显示，广东省县域发展呈现如下特征：一是珠三角地区县域实力领先粤东粤西粤北地区。2022 年广东省区县高质量发展榜单前 50 名中，珠三角地区占 39 席，粤东粤西粤北地区占 11 席，其中前 29 名均在珠三角地区，综合实力领先粤东粤西粤北地区。二是粤东粤西粤北地区奋力追赶、争先进位。从 2022 年广东省区县高质量发展榜单前 50 名来看，粤东粤西粤北地区占 11 席，其中茂名占 5 席，清远占 2 席，汕头、

---

① 赛迪顾问股份有限公司：《2022 广东省区县高质量发展百强研究》。

揭阳、阳江和湛江各占 1 席。具体到工业行业，根据《2022 年广东省区县工业百强研究》①，工业实力较强县域也呈现出珠三角强而粤东粤西粤北地区偏弱的基本特征。其中珠三角地区占 47 席，且大都分布在榜单前 50 名。而粤北地区占 23 席，粤东地区占 17 席，粤西地区占 13 席，且大都集中在榜单后 50 名。

表　广东产业实力较强县域的分布情况

市辖区十强区	赛迪排名	城市	县级市十强	赛迪排名	城市
南山区	1	深圳	博罗县	32	惠州
天河区	2	广州	惠东县	33	惠州
福田区	3	深圳	台山市	35	江门
宝安区	4	深圳	鹤山市	36	江门
黄埔区	5	广州	高州市	40	茂名
龙岗区	6	深圳	开平市	41	江门
顺德区	7	佛山	四会市	42	肇庆
南海区	8	佛山	普宁市	43	揭阳
越秀区	9	广州	廉江市	44	湛江
龙华区	10	深圳	信宜市	46	茂名

资料来源：赛迪顾问《2022 广东省区县高质量发展百强研究》。

表　广东产业实力较强县域的综合实力

类型	区县	赛迪排名	2023 年 GDP（亿元）	2023 年 GDP 增速（％）
市辖区前五名	南山区	1	8566.02	5.1
	天河区	2	6551.26	5.1

① 赛迪顾问股份有限公司：《2022 广东省区县工业百强研究》。

续表

类型	区县	赛迪排名	2023 年 GDP（亿元）	2023 年 GDP 增速（%）
市辖区前五名	福田区	3	5704.55	2.8
	宝安区	4	5202.01	8.5
	黄埔区	5	4315.17	1.2
县（市）前五名	博罗县	32	838.89	4.8
	惠东县	33	762.1	4.6
	台山市	35	547.4	6.3
	鹤山市	36	502.87	6.2
	高州市	40	764.15	4.0

资料来源：各地区统计局或政府工作报告。

（二）产业实力较强县域区位优势明显

将区位优势转化为经济优势，是产业实力较强县域突围的重要基础。从区位分布来看，产业实力较强县域的典型特征就是区位优势明显。县域产业发展不仅仅取决于当地的资源禀赋与区位条件，更重要的是要在恰当的时期抓住将区位优势转化为经济优势的发展机遇。例如，博罗县地处珠三角1小时生活圈中心地带，南邻东莞、深圳，西接广州，毗邻港澳。近年来，博罗县抢抓粤港澳大湾区、中国特色社会主义先行示范区"双区"建设等重大机遇，加快构建与大湾区核心城市交通互通互联、产业互相融合、发展互相支撑的新局面。四会市虽不沿海不靠边，但邻近省府、珠三角地带，东引西连，凭借优越的区位条件成为珠三角产业转移的理想地域。近年来四会市把握好广州对口产业帮扶机遇，迅速壮大金属深加工主导产业集群，推动精细化工特色产业集群高质量发展，加快新能源汽车及汽车零部件、高端装备制造、新一代电子信息、新材料等战略性新兴产业集群布局。

（三）产业实力较强县域特色产业突出

积极培育特色产业，是产业实力较强县域突围的关键所在。特色产业是立足当地特色资源、经过长期发展积淀而打造成形的比较优势。县域经济的本质是特色经济，县域竞争力的高低一定程度上取决于经济特色化的程度和水平。例如，普宁市是"中国纺织产业基地市"，2022年纺织产业总产值高达1182.1亿元，全国每10件内衣就有1件来自普宁。为加快纺织服装产业优化升级，促进纺织服装产业集群高质量发展，普宁市专门制定了《普宁市纺织服装业"四名工程"实施方案》。徐闻县以菠萝作为中国式农业农村现代化乡村实践的切入点，全力推动菠萝产业化、市场化、科技化，用小菠萝"种出"了乡村大产业，成为全国热搜的"网红果"、农民增收的"致富果"、乡村振兴的"希望果"；菠萝种植面积达35万亩，菠萝产值从2018年的9.8亿元攀升至2022年的25亿元，辐射带动农户近5万户、劳动就业约14.6万人。

（四）产业实力较强县域营商环境优越

持续优化营商环境，是产业实力较强县域突围的基本前提。营商环境是一个地方发展的重要软实力，也是核心竞争力。广东县域产业高质量发展，离不开一流的营商环境。例如，鹤山市把优化营商环境列为全面深化改革的"一号工程"，持续推动制度创新、服务创新、平台创新，全方位优化营商环境，全力打造珠三角最优营商环境县（市），让鹤山市成为企业发展的沃土、投资兴业的宝地。高州市构建亲清政商关系，为民营企业发展提振信心。近年来高州市积极开展优化营商环境攻坚行动，突出解决"中梗阻"问题，落实"十条硬措施"，完善市领导挂点联系民营企业、民营企业诉求问题解决闭环机制，积极主动帮助企业解决困难。推动民营经济政策落地落实，研究出台细化落实措施，促使助企惠企政策精准直达、高效兑现，让民营企业有更强的政策"获得感"和"落地感"。

（五）产业实力较强县域创新实力强劲

强化科技创新实力，是产业实力较强县域突围的根本动力。科技创新不仅能够促进传统产业的转型升级，而且可以催生新的产业和业态，为县域经济发展创造出新的增长点。例如，近年来普宁市积极引导纺织服装产业走创新发展道路，鼓励企业开展技术改造，推动纺织服装产业向高端化、智能化、绿色化加速转型。大量传统服装企业通过技术改造，切实提高了市场竞争力，取得良好的社会效益和经济效益。台山市产业高质量发展根本上得益于科技创新的赋能与助力，近年来台山市持续发力培育创新企业，国家高企数量由 2015 年的 11 家增至 2022 年的 197 家，涌现出台山核电、富华重工、迪生力、金桥铝型材等一批具有品牌优势的制造企业，这些制造企业成为台山市工业经济增长的主要支撑力。

二、政策要求

（一）做强特色产业，构建县域经济新格局

特色产业是县域经济的命脉和根基，因地制宜培育与做强特色产业，成为县域经济高质量发展的关键所在。2023 年 4 月，习近平总书记在广东省茂名市考察时指出，"要进一步提高种植、保鲜、加工等技术，把荔枝特色产业和特色文化旅游发展得更好"，"农村特色产业前景广阔"。《决定》中提出：要"引导走特色发展、错位发展之路，推动各尽所能、各展所长"，"发展特色优势产业"，"促进特色优势产业跨区域合作"。具体来看，一要遵循县域经济发展内在规律，突出特色，错位发展。结合县域自身地理位置、资源禀赋、历史文化、产业基础等，对属地资源进行再梳理、再定位、再聚焦，结合产业发展趋

势与国家政策导向，科学定位属地特色产业。二要积极培育优质企业，龙头带动，串珠成链。各县（市、区）要积极培育和壮大本土特色产业的龙头企业，以龙头企业带动特色产业的集群发展，扎实推进特色产业品牌建设。同时也要着力破解龙头企业带动作用不明显和县域营商环境不完善的困境，为企业发展创造良好的生态。

（二）强化平台支撑，打造产业集群增长极

从实践经验来看，推动县域产业集群式发展离不开高水平平台支撑。《决定》中提出："加大产业政策扶持力度，优化产业发展目录，支持县域重大产业平台建设，推动产业数字化绿色化改造。"具体来看，一要扎实推进各类产业平台建设。开发区、产业园区是县域特色产业集群的主要承载平台，要围绕县域产业发展需要，积极推进县域内各类开发区、产业集聚区、产业园及返乡创业园等平台建设，鼓励资源环境承载力弱的县联合共建产业园区，支持国家级高新区、经济技术开发区托管联办县域产业园区。二要积极推进产业平台整合升级。推动园区数字化改造，鼓励引进孵化器、众创空间等创新平台。健全标准厂房、通用基础制造装备、共性技术研发仪器设备、质量基础设施、仓储集散回收设施。以低效用地整治、空间腾退为主要内容实施空间再造行动，以占地做小、产出做大、品质做优实现开发区整合提升。三要完善产业平台基础设施和服务配套。坚持以产兴城、以城促产、产城融合，推进产业园区与县城公共设施无缝对接，提升园区配套水平，持续增强产业平台的发展活力。

（三）推进科技赋能，激活县域产业新动能

抓创新就是抓发展，谋创新就是谋未来。推动产业创新发展，是打造县域发展新引擎、培育发展新动能的重要举措。《决定》中提出，"分类发展特色产业、科技创新、休闲旅游、历史文化、绿色低碳等特色镇"，要求"省有关单位要根据本决定制定产业、商贸、人才、科

技、土地、生态保护、财政、金融、民生保障等配套支持政策"。具体来看，一要强化企业创新主体地位。发挥县域各级财政资金与政策作用，引导企业加大创新投入。培育一批专精特新中小企业，支持行业龙头企业牵头组建产业技术创新联盟和创新联合体。二要以科技支撑县域特色产业发展。聚焦电子信息、先进制造、生物医药等产业细分领域，培育一批符合县域特点的新兴产业集群。加大生产性服务业的科技支撑力度，打造新型产业业态。发挥科技对重点行业和领域低碳化发展的核心支撑作用，形成绿色经济增长新引擎，推动产业低碳化、绿色化发展。

（四）优化营商环境，构筑产业发展硬支撑

企业愿不愿来、能不能发展好，关键在营商环境。《决定》中提出："提高县域营商环境水平，撬动民间投资，发展民营经济。"具体来看，一要持续增强服务意识。深化政务服务改革，进一步改进工作作风，提高办事效率，持续优化服务周到、便利高效的政务环境，推动政务服务一网通办、省内通办、跨省通办。紧紧围绕县域产业发展需求，解决痛点、打通堵点，实行"一企一策"政策为企业"量身定制"服务。二要精细化推进"放管服"改革。全面推行以减事项、减要件、减环节、减证照、减时限为重点的"五减"改革，围绕企业投资、生产经营、创新创业等方面，大力消减行政审批事项、申请材料、审批办理环节。同时要大力提高县域基层事权承接能力，让县域能够"接得住，办得好"。三要切实解决企业发展诉求。各相关部门要经常听取民营企业反映和诉求，针对不同企业融资问题、产业链上下游问题、市场开拓问题等影响企业发展的堵点难点，要统筹政策予以纾困解难，在财政、税收、金融、土地、科技创新等方面优化政策供给，为县域产业集群发展壮大创造有利条件。

三、典型案例

（一）黄埔区："万亿制造"引领现代化产业体系建设

黄埔区位于广州市东部，与白云、天河、海珠、增城和从化5个行政区交界。2023年，黄埔区GDP达4315.17亿元，实际增速为1.2%，GDP排名全市第二，是名副其实的"经济大区"；规模以上工业产值高达8631.9亿元，占广州市的36.2%。科技创新能力连续五年位居全国经济开发区第一，广州科学城双创示范基地第三次获得国务院督查激励。工业竞争力连续五年排名中国工业百强区前三，全国首推区级专精特新专项政策，培育国家级专精特新"小巨人"企业超百家。

1. 打造一流营商环境，全面激发中小企业活力和创造力

一是优化政策体系。连续推出"金镶玉"系列扶持政策，在全国首推区县级"专精特新10条"，出台支持中小企业发展壮大专项政策。营商环境改革5.0深入实施，39条营商环境创新举措、黄埔人才指数系统等多项经验获国务院办公厅、国家发展改革委和省发展改革委复制推广，营商环境便利度连续四年位居全国经开区第一。二是完善知识产权保护制度。持续强化知识产权运用和保护，深耕国家知识产权综合改革试点。推进国家专利局审协广东中心等平台建设，设立中国（广东）知识产权保护中心，用好专利快速预审、专利优先审查通道，实现发明专利快速授权。三是拓宽企业融资渠道。统筹"3个百亿"中小企业融资产业投资基金，将专精特新中小企业优先纳入企业上市苗圃培育工程。运营广州科创金融服务基地，持牌法人金融机构总部6家，银行分支机构147家，风投机构728家，管理资金规模超过1800亿元，2022年帮助企业降低经营成本达125亿元。

广州开发区科技企业加速器园区"中小企业能办大事"石碑

2. 高度重视平台载体建设，助力创新链与产业链深度融合

一是构建"2+3+N"战略科技创新平台集群。黄埔区、广州开发区全力构建广州实验室、粤港澳大湾区国家技术创新中心 2 个国家综合创新研究平台，人类细胞谱系大科学研究设施、航空轮胎大科学中心、慧眼大设施工程 3 个大科学装置，以及广东粤港澳大湾区国家纳米科技创新研究院、广东粤港澳大湾区黄埔材料研究院等 N 个研究院，形成"2+3+N"战略科技创新平台集群。二是推进创新链与产业链深度融合。建成一批高水平的双创示范基地，国家级孵化器 21 家；建设孵化载体面积近 500 万平方米，孵化载体规模和质量居华南之首；建成两大专精特新产业园，释放超过 38.3 万平方米专精特新中小企业发展空间。28 家大院大所面向中小企业精准提供规模化、定制化和敏捷化科技服务，重点提升关键装备、核心元器件和关键材料的自主化程度和保障能力。"龙头引领+企业抱团+平台赋能"融通创新生态体系初具雏形，为上下游配套产业企业和关联产业企业提供集技术融通、信息融通、数据融通等于一体的融通服务。

（二）普宁市：多措并举推动特色产业高质量发展

普宁市位于广东省东南部、潮汕平原西缘，东毗汕头市潮南区，南邻惠来县，西南连汕尾市陆丰市、陆河县。全市面积 1620.02 平方千米，其中耕地占 9.61%，山地占 52.84%。全市户籍人口 251.65 万人，其中城镇人口 111.92 万人，是全国人口第一大县级市。普宁是"中国纺织产业基地市"与"中国中药名城"，纺织服装产业发展迅猛，已形成完整的产业链条。

1. 打造 3 个千亿级特色产业集群，构建大产业格局

普宁市锚定"做大做强支柱产业、积极培育新兴产业"方向，着力打造现代轻工纺织、生物医药与健康、现代农业与食品三大千亿级产业集群。一是做优现代轻工纺织产业，加快建设大潮汕内衣产业城、智能智造产业园等服装产业集聚区，推进实施名师、名牌、名企、名园"四名工程"，引入纺织服装龙头企业和知名服装设计研发团队。二是做强生物医药与健康产业，支持利泰等龙头企业增资扩产，开工建设泰鑫中药饮片生产基地等 3 个项目，支持企业纳入国家药品集中采购，开拓海外医药市场。三是做大现代农业与食品产业，深化"链园合一"创新机制，发挥青梅、稻蔬、预制菜产业园引领和辐射作用，带动各级现代农业产业园建设进入快车道；加快建设天洪冷链物流园，支持佳隆、东昱等农业龙头企业产品研发、品牌创建，发展休闲食品，推动里湖、高埔等地凉果加工企业入园集聚、转型升级；推进 RCEP（《区域全面经济伙伴关系协定》）潮菜预制菜加工流通中心、进口毛燕加工基地建设，打造具有潮汕风味的预制菜产销基地，建设百亿级预制菜产业集群。

2. 高质量建设承接产业有序转移主平台，强化大平台支撑

普宁市牢牢把握珠三角地区产业有序转移的契机，积极争取省支持打造产业有序转移主平台专项资金，以产业转移工业园、纺织印染环保综合处理中心、东部创新城为重点，高质量建设承接产业有序转

移主平台；聚焦纺织服装、生物医药、新材料、电子信息等产业方向，制定承接产业转移引导目录和项目库清单，精准招引一批产业链供应链项目落户。一是完善产业转移工业园功能配套，推动金泰克半导体产业链组团式进驻，积极引进万洋众创城，高标准建设一批通用厂房，推动产业集聚集约集群发展。二是加快纺织印染环保综合处理中心起步区二期、天然气管道和热电联产项目建设，全面降低企业运营成本；推进创时尚生态智能印花一体化项目落地建设，推动印花行业提档升级。三是东部创新城要坚持产城融合，加快顶层设计，强化土地整备收储，推动一批签约项目落地建设，打造产城融合示范区。四是谋划建设生命科学产业园，积极盘活原云落镇生物医药产业科技园土地，打造生物医药产业高端研发和创新基地。五是学习借鉴先进"工改工"经验，成立指挥部，设立"工改工"财政专项资金。

普宁产业转移工业园

（三）博罗县：坚持产业引领，推动高质量发展走上快车道

博罗县位于珠江三角洲东北部，是深莞惠经济圈的重要组成部分、珠三角辐射带动粤东粤北的关键节点。2023 年全县地区生产总值为

838.89 亿元，同比增长 4.8%。其中，第一产业增加值 942365 万元，同比增长 6.5%；第二产业增加值 4664590 万元，同比增长 7.9%；第三产业增加值 2781962 万元，同比下降 0.4%。28 项主要经济指标中有 16 项指标总量、13 项指标增速位居全市前列。2023 年博罗以全国第 69 位的排名上榜全国百强县，成为广东省唯一上榜的县。

1. 狠抓千亿级园区平台建设，打造制造业当家主战场

博罗智能装备产业园成立于 2020 年，在临穗临莞的石湾、园洲两个工业重镇中高标准规划 29.9 平方千米建设博罗智能装备产业园，致力于打造成为产值超千亿的国家级园区。一是全面对标对表一流工业园区。在基础设施建设上，2023 年共完成基础设施投资 11.62 亿元，起步区 17 条、园洲片区 8 条市政道路基本通车，集中配套项目顺利封顶。在招商和项目建设上，2023 年园区新引进项目 46 宗，总投资 176.5 亿元，其中高新技术企业投资项目 39 宗，占比达 84.8%。此外，还有 21 宗项目投产，26 宗总投资 90.2 亿元的项目动工。二是全力保障用地资源。聚焦用力开展土地双处置专项清理、存量土地盘活、低效用地的激活利用，在全县范围内腾挪历史项目的用地规模，放到园区保障项目。三是整合财政金融。培育赋能博罗县产业投资集团有限

建设中的博罗智能装备产业园

公司，仅用一年多时间，公司资产从22亿元充实扩张到93亿元，并于2022年12月26日获得AA+信用等级评定，成为全省（含珠三角）首家首评即获AA+的县区级国企，成为博罗县国企走向资本市场、实施重大项目建设投融资的重要载体。

2. 全力建设重点项目，打造大湾区特色产业集群

粤港澳大湾区（广东·惠州）绿色农产品生产供应基地项目紧扣"大粮库""大厨房""大市场""大农场""大平台"五大定位目标，计划于2025年全面建成，打造成为大湾区规模最大、品类最全、功能最优、联农最广的现代农业与食品产业集群，实现农产品年流通服务量500万吨以上、产值300亿元以上。一是全速高标准推进基地建设。项目自2021年5月动工建设，截至2023年5月累计投资超23亿元，已落实1500亩建设用地，首期500亩园区初具规模。目前注册入园企业69家，2023年累计实现产值28亿元以上。二是有力促进一二三产融合发展。积极向食品加工、预制菜等产业延伸，牵头建设博罗蔬菜和预制菜两个省级农业产业园，完善冷链物流网建设，高效赋能农产品全产业链发展，力争实现蔬菜产值达60亿元、联农带农4000户以上，力争实现预制菜产值达19亿元、联农带农1.5万户以上。三是打造联农带农新模式。通过"基地+镇综合服务站+村供销农场（合作社）"模式，完善利益联结机制，有力带动农户依靠种养致富，让农民更多分享产业增值收益。

（四）台山市：以科技支撑引领县域经济高质量发展

台山市位于珠江三角洲西南部，地处粤港澳大湾区和海上丝绸之路重要节点。2023年，台山市地区生产总值547.4亿元，同比增长6.3%，位居江门市第二。其中，第一产业增加值116.44亿元，同比增长6.1%；第二产业增加值233.01亿元，同比增长8.1%；第三产业增加值197.95亿元，同比增长4.3%。近年来，台山市深入实施创新驱动发展战略，以创新型县（市）工作为抓手，在企业创新、创新环境、创新绩效等方面实现大幅度提升，逐步形成"科技—自然—经济"和谐循环发展新格局。

1. 加强科技服务，构建科技创新体系

台山市紧紧抓住粤港澳大湾区国际科技创新中心建设的契机，加大政策和资金扶持力度，实现高企、企业研发机构数量和质量双提升。一是构建研发平台。近年来台山市不断引导和支持大型工业企业建立研发机构，全力支持富华重工、金桥等企业建设研发中心。二是集聚创新人才。台山市积极响应粤港澳大湾区人才高地建设规划，创新人才体制机制，提升人才配套服务，优化人才发展环境，推动形成人才加速集聚的良好态势。2020年5月，全国博士后创新（江门）示范分中心落地台山。该中心积极做好人才服务保障工作，不断完善"产业+平台+项目+人才"联动机制，加快博士后创新创业人才和高层次创新创业团队集聚，带动台山市产业实现转型升级。三是注入金融活水。台山市大力推进科技金融工作，先后新增中国建设银行台山科技支行、农业银行水步科技支行、台山农商银行水步科技支行三家科技支行，助力科技型中小企业发展；成功推动广东精英无机新材料有限公司2019年在新四板挂牌，2020年在广东股权交易中心科技创新专板挂牌成为首批30家正式挂牌的企业之一，为科技金融创新增添活力。

2. 深化科技支撑，擦亮乡村振兴品牌

一是聚焦乡村产业需求，精准开展科技服务。近年来，台山市率先在江门地区建立起县域级农村科技特派员队伍，深入农业科技园区、农业基地、龙头企业、新型农业经营主体等提供全程精准指导服务。截至2023年6月，台山市已建成广东省规模最大的县域级农村科技特派员队伍，完成411名农村科技特派员入库，建立省级农业科技园区1个、省级星创天地4家、科技特派员工作站11家，相关工作经验在粤桂协作乡村振兴科技人才培训班得到分享推广。值得一提的是，台山市科技特派员重点派驻单位红岭种子园的科技成果项目荣获2020年度广东省科学技术奖科技进步奖一等奖。二是以技术创新为支撑，台山

市多措并举持续擦亮乡村振兴品牌。聚焦农业科技创新，台山市整合
特色产业、技术创新、"隐形冠军"企业等创新资源，提升特色农业企
业研发机构创新能力，积极推进农村科技特派员工作，加快布局建设
星创天地、农业科技园区，取得了一批标志性成效，推动农业产业高
质量发展。

科技特派员在红岭种子园观察种子苗的培育情况

思考题：

1. 如何找准特色产业方向？

2. 如何对接发达地区的科技创新资源？

第九章 生态功能重要县域的实践

习近平总书记在 2023 年召开的全国生态环境保护大会上强调："要着力提升生态系统多样性、稳定性、持续性，加大生态系统保护力度，切实加强生态保护修复监管，拓宽绿水青山转化金山银山的路径，为子孙后代留下山清水秀的生态空间。"[①] 党的十八大以来，广东深入学习贯彻习近平生态文明思想，立足县域生态资源禀赋，扎实推进县域生态环境建设，生态功能重要县域迈入高质量发展新阶段。本章介绍生态功能重要县域的基本情况，阐述"百千万工程"对其提出的推进县域经济转型升级、建设宜居宜业和美乡村、筑牢全省生态屏障等政策要求，并呈现信宜市、翁源县、兴宁市、从化区、龙川县的"百千万工程"实践探索。

一、基本情况

（一）广东县域生态资源禀赋良好

1. 生态功能重要县域整体概况

广东是全国生物多样性最丰富的省份之一，现有各类自然保护地

---

① 《习近平在全国生态环境保护大会上强调 全面推进美丽中国建设 加快推进人与自然和谐共生的现代化》，《光明日报》2023 年 7 月 19 日。

1361 个，其中自然保护区 377 个、自然公园 984 个，数量位居全国第一；① 记录分布有陆生脊椎野生动物共 1052 种，野生高等植物 6658种；② 现有红树林 1.06 万公顷，居全国首位，且湿地面积总量保持稳定。目前全省森林覆盖率达 53.03%，野生动植物物种数量位居全国前列。广东多个县（市、区）被纳入国家重点生态功能区和生态功能重要县域。

表　国家重点生态功能区广东县域数量

城市	县（市、区）（数量）	国家重点生态功能区县域数量
韶关市	浈江区、武江区、曲江区、乐昌市、南雄市、仁化县、始兴县、翁源县、新丰县、乳源瑶族自治县（10 个）	7
河源市	源城区、东源县、和平县、龙川县、紫金县、连平县（6 个）	3
梅州市	梅江区、梅县区、兴宁市、平远县、蕉岭县、大埔县、丰顺县、五华县（8 个）	5
汕尾市	市城区、海丰县、陆丰市、陆河县（4 个）	1
茂名市	茂南区、电白区、信宜市、高州市、化州市（5 个）	1
清远市	清城区、清新区、英德市、连州市、佛冈县、阳山县、连山壮族瑶族自治县、连南瑶族自治县（8 个）	4

---

① 《广东省重要生态系统保护和修复重大工程总体规划印发》，广东省人民政府门户网站 2023 年 1 月 4 日。

② 《〈广东陆生野生动植物保护行动计划（2023—2030 年）〉》，广东省林业局2023 年 3 月 3 日。

2. 国家重点生态功能区和生态功能重要县域类型划分

国家重点生态功能区和生态功能重要县域主要集中在粤东粤西粤北地区，按照省委、省政府对于县域类型的划分，国家重点生态功能区和生态功能重要县域的类型划分见下表。由于地理位置、战略定位、经济发展、基础交通建设等因素制约，国家重点生态功能区和生态功能重要县域的经济发展综合情况较为一般。

表　国家重点生态功能区和生态功能重要县域类型划分

类型（数量）	县（市）
创先类县（市）（1 个）	信宜市
进位类县（市）（8 个）	蕉岭县、兴宁市、平远县、乐昌市、乳源县、仁化县、南雄市、翁源县
消薄类县（市）（12 个）	丰顺县、始兴县、连州市、新丰县、陆河县、阳山县、大埔县、连山县、连平县、和平县、连南县、龙川县

（二）广东县域生态建设基础扎实

广东采取了一系列措施来保护和利用县域生态资源，其中包括持续强化就地保护与迁地保护，推进南岭国家公园、丹霞山国家公园等保护地的创建工作，高标准建设华南国家植物园，全力推进深圳"国际红树林中心"和国家林草局穿山甲保护研究中心深圳分中心建设等，持续提升生物多样性保护水平。同时积极推进生态建设和保护工作，地表水水质创近年来最好水平，大气环境质量持续高位改善。全省近岸海域水质优良面积比例为 89.7%，[①] 保持"十三五"以来最好水平。此外，广东正在制订绿美广东生态建设实施方案，将重点增强生态系统多样性、稳定性、持续性。

---

① 《广东省关于第二轮中央生态环境保护督察整改落实情况的报告》，广东省人民政府门户网站 2023 年 5 月 10 日。

1. 生态功能重要县域生态文明建设措施

一是坚持推动绿色低碳发展。推进生态产业化、产业生态化，加快形成节约资源和保护环境的空间格局、产业结构、生产方式、生活方式。信宜市沿云茂高速、包茂高速各出口，将马安竹海、三华李度假区等景区串珠成链。大力发展清洁能源和可再生能源，构建低碳循环发展新模式。乐昌市深入推进"光伏+石漠化治理"，打造绿色低碳示范镇。

二是加强生态保护与修复。划定生态保护红线，严格保护生态资源，维护生物多样性，持续开展国土绿化行动，加强山、水、林、田、湖、草、沙系统治理。韶关市凡口铅锌矿通过采取地上地下同时进行的系列措施对矿山生态环境进行系统修复和综合治理，采用地上建矿山公园、地下建帷幕坝截流治水、尾矿库建生态湿地公园的"三位一体"综合生态修复模式，将矿山打造成我国有色金属矿山生态修复的典范。

三是提升环境质量。坚持保护优先、源头治理，实施更严格的生态环境保护制度，深化大气、水、土壤环境治理，确保人民群众享有优美的生态环境。如浈江区新建农村污水处理站 12 座、改造提升农村安全饮用水保障工程 7 个。

2. 生态功能重要县域生态文明建设成果

一是能源资源消耗强度大幅下降。生态功能重要县域坚持保护与发展并重，统筹推进生态产业化与产业生态化，把生态资源的优势转化为发展生态农业、生态工业和生态旅游的优势，从而推进能源资源消耗强度大幅下降。广东全省推动碳排放权交易、碳普惠等试点示范走在全国前列，资源能源消耗强度大幅下降，高水平完成国家下达的碳强度等约束性指标。截至 2022 年底，广东省碳排放配额累计成交 2.14 亿吨，成交金额达到 56.39 亿元，均居全国首位。

二是生态环境治理能力显著增强。环境基础设施日趋完善，截至 2022 年底，全省累计建成城市（含县城）生活污水管网约 7.7 万千米，建成城市生活污水处理厂 422 座，总处理规模达 3019 万吨/日。[①]

三是全省大气环境质量持续领跑先行。按照《环境空气质量标准》（GB 3095—2012）及修改单评价，全省 21 个地级以上市中，14 市可吸入颗粒物（PM_{10}）、细颗粒物（$PM_{2.5}$）、臭氧（O_3）等六项污染物年评价浓度均达到二级标准。[②]

（三）广东县域生态价值稳步转化

生态功能重要县域具有丰富的自然资源，依托其天然的生态优势，根据各自自然资源禀赋，分类指导稳步将县域生态价值转化为经济价值。

一是部分生态功能重要县域落实组织保障，引入外部资源，出台一系列政策以保障重大项目实施落地。例如，大埔县用好用活省委产业有序转移、"两个 15%" 等政策，实施各项招商优惠政策，着力营造招大商、大招商格局。

二是部分生态功能重要县域打造特色招牌，建设基础设施，积极做好土特产和特色文化旅游这两篇大文章，打造专属特色招牌，吸引游客和外部资源。例如，始兴县加快林下经济发展，马市镇铜锣湾柠檬产业田园综合体采取 "公司+合作社+农户+订单农业+深加工+智慧农业+产业集群" 的发展思路，打造集柠檬种植、柠檬产业深加工、林下中草药种植、农旅开发二三产融合于一体的亿级柠檬产业集群和田园综合体。部分生态功能重要县域自然资源和生态环境具有较高的旅游开发价值，结合各自当地文化特色，打好 "红色牌+绿色牌"。

三是部分生态功能重要县域发挥自然优势，保护生态环境，建立稳定生态系统。例如，乐昌市自被列为石漠化综合治理国家级试点县

---

① 张子俊：《粤建成 7.7 万公里城市生活污水管网》，《南方日报》2023 年 3 月 17 日。

② 《2022 年广东省生态环境状况公报》，广东省生态环境厅网站 2023 年 5 月 8 日。

以来，对石漠化地区实施封山育林，完成石漠化区域林业重点工程人工造林 6.8 万亩。

二、政策要求

生态功能重要县域既拥有丰富的自然资源和文化遗产，同时也面临着诸多发展挑战。2023 年 9 月，全省生态环境保护大会暨绿美广东生态建设工作会议提出，既要坚持生态美、产业强、文化兴、百姓富相促进，提升绿美广东生态建设综合效益，还要坚持改革创新与守住红线相统一，稳步推进集体林权制度改革，努力为绿美广东生态建设增动力、添活力，更要坚持强氛围、扩主体、拓途径相贯通，通过推进互学互促浓厚全民绿化美化的参与氛围，不断扩大全民绿化美化参与主体和参与途径。

（一）推进县域经济转型升级

《中共广东省委关于深入推进绿美广东生态建设的决定》强调了县域经济的重要性。首先，要将生态功能区的保护和开发有机结合起来，坚持科学规划、合理布局，发挥地方资源优势，发展特色产业，推动县域经济的转型升级。其次，要加强生态保护和治理，坚持绿色发展理念，建立健全生态文明制度体系，实施生态修复工程。最后，要加强区域合作与联动，实现资源共享、优势互补，推动区域经济协同发展。

（二）建设宜居宜业和美乡村

中共广东省委办公厅和广东省人民政府办公厅印发的《关于推进以县城为重要载体的城镇化建设的若干措施》就明确提出了要求。首先，利用自身丰富的自然资源和文化遗产，秉持绿色发展和一体化理念，统筹县、乡、村三级层面的生态资源，构建由政府主导、企业主体、社会参与、市场化运作、可持续发展的城乡生态产品价值实现机制。其次，依托乡村自身生态本底和景观，推进农村人居环境整治。最后，学会利用城市或县城流入的科技、人才、管理等要素，在保护乡村生态基础上因地制宜推进乡村生态产业化，利用"生态+"等模式，推进生态资源与农业、旅游、文化等产业融合，为城市提供生态产品和服务。

（三）筑牢全省生态屏障

广东省人民政府印发的《广东省生态环境保护"十四五"规划》明确了筑牢全省生态屏障。首先，在建立完善生态保护修复机制的同时要能促进旅游业的发展，如森林公园等。其次，要实施相关的生态修复工程和加强环境监测治理，如退耕还林等，确保空气、水质、土壤等环境指标达到标准。同时，加大环保执法力度，严厉打击环境违法行为。最后，调整产业结构，发展绿色产业。

三、典型案例

（一）信宜市实践

1. 基本情况

信宜市位于广东省西南部，户籍人口 152.01 万人，常住人口 103.02 万人，是著名侨乡。全市林地面积 21.22 万公顷，森林覆盖率 68.28%，森林蓄积量 1694.44 万立方米。信宜市资源丰富，是广东较大的竹器、花岗岩板材的生产基地之一和广东三华李、荔枝、反季节蔬菜生产的重要基地。银岩锡矿是全国第三大锡矿，东坑金矿为广东省第二大金矿。水力水能资源丰富，水电站总装机容量达 21.59 万千瓦，多年平均发电量达 5 亿千瓦时。境内旅游资源丰富独特，有云开山国家级自然保护区、西江温泉等。

信宜生态环境示意图

面对交通基础设施问题，尤其是不通高铁制约信宜发展潜力的开发以及因"减量规划"致城镇建设用地规模严重不足等问题，信宜市蹄疾步稳推进"百千万工程"。

2. 做法与成效

（1）全面提升产业吸附力

引入发展电子、制衣、模具等就业吸纳力强的现代劳动密集型产业。落地开工了总投资 22.62 亿元的斗牛电脑数码、金丰盛线束、福尔电子、捷讯模具、佳都制衣等项目，新增就业岗位约 4000 个。依托特色产业发展食品加工业，与广弘控股（原省食品集团）成立国有合资公司，推动屠宰冷链、生鲜配送、食品加工全产业链发展。发展高附加值的循环经济环保产业，推进总投资 9.28 亿元的汉盛环保资源综合利用项目、鸿发一般工业固废项目加快建设。将信宜检测站改制增资为广东集信国控检测认证股份有限公司，并提交上市申请，预估市值 3.2 亿元。深化人力资源服务产业发展，广东信宜人力资源服务产业园进驻企业总数达 34 家，2023 年营收 10.06 亿元，创造税收 3100 万元，提供就业岗位 1.5 万个，于 2023 年 5 月获评省级人力资源服务产业园。

（2）全面提升民生承载力

贯彻省委提出的"县城要办好高中、做强医院"的要求，依托

"双百行动"，紧紧抓好教育和医疗这两个民生关键环节。与华南师范大学、广东外语外贸大学合作，建设华师砺儒高级中学、华师附属信宜学校、广外附属信宜学校，新增优质学位 11400 个，拉动玉都新区新增常住人口 2 万人。与华南师范大学合作打造粤东粤西粤北首个心理健康教育指导中心——信宜市中小学心理健康指导中心，对全市约18 万师生开展常规性心理健康测评。与中山大学合作，共建中山大学附属第六医院粤西医院/信宜市人民医院，打造粤西桂东边界县区域医疗中心，据 2022 年度全国三级公立医院绩效考核结果，该院在全国排名提升了 480 名，进步全国第一，从 926 位前进到 446 位，成功从 B 级进入 B++ 行列。

（3）全面提升城市优质度

编制并落实粤西首个县域城市设计，建设玉都新区北部山水居、中部现代城、南部活力湾三大片区。实施中心城区拆迁安置改革，通过采用商品房式安置、货币式安置和独栋式安置"三种模式"对中心城区范围内集体土地上房屋征收予以补偿、安置，推动居民上楼，改变粤东粤西粤北传统自建房式安置旧方式。发展有活力的现代商业形态，编制玉都新区街巷商业空间专项设计；推动窦州墟文化创意街区与中国牙雕艺术馆·信宜、市民广场、会展中心、新图书馆连片开发。窦州墟 2023 年 7 月底集中开业至 2024 年 3 月客流量超 300 万人次，营业额超 6000 万元。

（4）坚持分类施策抓县域城镇化

梯度推进区域支点镇、重点功能镇、特色产业镇建设。做强区域支点镇，把"中国李乡"钱排镇建设成为带动信宜东部山区发展、吸引大湾区游客西进的"精美小城"和"信宜门户"，把革命老区怀乡镇建设成为带动信宜中部发展、服务周边乡镇群众的支撑点，把"千年古城"镇隆镇建设成为辐射信宜南部高州北部边界镇的区域消费中心。建好重点功能镇，水口镇、池洞镇承载产城融合工业区，大成镇、白石镇承载规模化绿色矿业，丁堡镇承载县城发展储备区。提升特色产业镇，推动各镇集中力量打造一至两项可持续的特色产业，提升各镇区教育、医疗、养老、文化体育等服务水平，探索吸引农民迁出镇区建房、购房的土地供应机制。

（5）建立乡村振兴的自我造血机制

创新实施"政府投基础设施＋企业投运营资产"的市场化配比投资模式，实行"建设运营一体化"。沿云茂高速建设农文旅结合带，以"中国李乡"钱排镇双合村为支点，将李花谷、马安竹海、三华李度假区等景区串珠成链、连片发展，撬动市场主体投资近5亿元并常态化运营，带动当地超过11万人口增收。

（6）加快推进生态产业化、产业生态化

打造基于互联网数字农业的"信字号"优质农产品品控溯源体系，与阿里巴巴、腾讯等企业合作，建立"两标一码一单"品控溯源体系，其中"信字号"三华李每公斤增收6元、甜柿每公斤增收4.5元、大芥菜每公斤增收4元；茂名已将"信字号"提升为茂名市公用品牌，把更多优质农产品纳入体系。发展农产品深加工，与碧乡科技等企业合作，推出李子酒、李花饼、李果脯等李产品及竹林风流酒、马安仙笋等竹产品。

（7）全力推进农房管控和乡村风貌提升

实施《信宜市推进农房管控和乡村风貌提升实施细则》《信宜市坚决整治新增乱占耕地建房问题十条硬措施》，开发启用信宜市农村宅基地在线审批管理系统，完善农村宅基地审批管理系统建模功能，建立了集宅基地审批、建房监管、风貌提升、工匠管理、违建巡查于一体的农村建房监管模式；制定《村规民约之农房管控篇》，将带图审批、带图建设全面纳入村规民约。大抓人居环境建设，建立县镇村三级人居环境管护长效机制，制定《信宜市贯彻落实"百千万工程"建立县镇村三级人居环境管护长效机制的实施意见》。

（8）提升乡风文明和群众法治意识

打通党建引领基层治理的"最后一公里"，推动3497个村（居）

民小组建立党小组，引导党员干部在基层治理等重难点工作中发挥作用。探索实施与分红挂钩的村规民约积分细则，在马安村、双合村试点推进集体经济组织股份制和分红机制改革，2023 年 5 月 30 日举行"中国李乡·山水双合"农村集体经济股份制改革首次分红仪式，本次分红金额达 113 万元。推进乡村移风易俗，有效遏制了封建迷信、大操大办、相互攀比、厚葬薄养等陈规陋习。

（二）翁源县实践

1. 基本情况

翁源县位于广东省韶关市东南部，是粤北南大门、珠江三角洲通向内地的战略要地。全县总面积 2175 平方千米，户籍人口约 42 万人，2023 年全年地区生产总值 140.11 亿元，增长 5.50%。拥有各类矿产 25 种，是广东省林业生态县，建立了森林资产评估中心和森林资源交易中心。县境水力资源丰富，生态资源丰富独特，有青云山省级自然保护区等丰富农林资源和全国最大的兰花基地及三华李等特色农业产业基地。全县森林覆盖率达 73.59%，受污染地块安全利用率达 100%，饮用水水源水质达标率 100%。

翁源县在推进"百千万工程"中也面临着不少难题，一是产业层次整体偏低，绿色产业体系尚未完全形成；二是产业生态化、生态产业化衔接不足，县镇村联动有待加强；三是兰花产业链结构布局不够完善，呈现出"一产强，二产弱，三产不足"的特点。

2. 做法与成效

（1）结合绿美广东生态建设，推动"百千万工程"落地落实

一是因地制宜打造生态风貌保存完好、生态功能效益显著、生态产业发展良好的绿美乡村。二是推进古树名木资源保护工程建设，建设古树乡村、古树公园。三是科学种植工业原料林，培养乡土珍稀树种和大径级用材林，规划建设国家储备林 50 万亩，发展林下经济、森林旅游康养等产业，延伸林业产业链。

（2）盘活绿色资源禀赋，推进生态资源资产价值化

一是点绿成金，因地制宜发展林下经济产业。发展三华李、九仙桃等名优水果及茶叶、中药材等林下种植业，引进年加工100吨澳洲茶树精油项目。二是开展林业碳普惠制试点工作。探索开发林业碳汇项目，推广碳排放权交易等市场化生态补偿机制，实施林业碳普惠项目。累计实现林业碳汇交易额676.26万元。三是生态资源资产价值化。盘活闲置资源，推进节约集约用地，加快完成相关矿产采矿权出让工作。

（3）探索绿色发展路径，持续提升县域生态产业

一是推动能源供给转型。推动光伏、风电新能源发展，提高能源供给的稳定性、经济效益。二是推动企业技改转型。引导企业加大技改力度，提升企业工艺装备水平降低能耗。发挥技改资金和惠企政策的导向引领作用，推进节能降碳，加快县域内企业发展绿色转型。

（4）大力完善兰花产业体系，促进县域经济高质量发展

打造翁源兰花品牌，建设全国兰花特色产业集群。一是党建引领谋划产业发展。成立翁源县兰花产业链党委，建成兰花产业链党群服务中心，打造全国领先的兰花生产基地、兰花创新研发中心和交易集散中心。二是科技创新促进产业绿色升级。与高校、科研院所保持对

翁源县兰花产业园

接合作，引进先进技术。三是联农带农共享产业发展成果。实行"企业+合作社+基地+农户"模式，带动 7700 余户农民参与兰花产业经营。四是建设兰花电商园，擦亮翁源兰花电商品牌。五是建设兰花文化科普园，打造具有翁源特色的兰花旅游品牌。

（三）兴宁市实践

1. 基本情况

兴宁市地处粤东北部，是梅州副中心城市，总面积 2075.38 平方千米，人口 115.66 万，现辖 17 个镇、3 个街道，原中央苏区县、中国油茶之乡、全国粮食生产先进县、国家级生态发展区，被列为国家级超级稻示范推广县（市），华南双季超级稻、兴宁丝苗米"19 香"年亩产均创过世界纪录。兴宁市丝苗米产业园、兴宁市肉鸽产业园入选省级现代农业产业园，茶油、丝苗米、沃柑入选国家名特优新农产品，兴宁市被推介为第三批全国农村创业创新典型县。兴宁市拥有 300 多平方千米的宁江盆地，却面临不成片、不规整等土地零散化问题，基础设施建设参差不齐，无法满足现代农业生产需要。这也是广东不少地区耕地面临的共性问题。

2. 做法与成效

（1）建立龙头企业合作机制

发挥兴宁粮食生产大县的优势和基于兴宁丘陵多的特征，引进世界 500 强中国机械工业集团有限公司的子公司中国一拖集团有限公司（以下简称"中国一拖"），发挥其农机专业技术优势，成立广东省东方红农业服务科技有限公司，联合投资建设"东方红·红苏区"现代农业基地，项目实现规划设计、建设施工、全程托管、粮食收储、生产销售、融资贷款、农业保险"七位一体"，通过规模化土地流转或入股，统筹推进高标准农田建设（垦造水田、恢复耕地），推动耕地集中连片整治，加强耕地保护，解决耕地碎片化问题，保障粮食安全，壮大村集体经济，增加农民收入。兴宁市土地有序流转和"建管运营一体化"是中国一拖在广东省首个合作项目。项目首期落地叶塘镇，计划投资 2 亿元，集约土地 1.3 万亩，预计年营业额达 9000 万元；力争 3 年内规模达到 10 万亩，年营业额 10 亿元以上。

（2）建立建管运营一体机制

推行"集体经济+合作社+托管"模式，坚持生产托管服务、农民自愿原则，推进土地集约流转。采取由中国一拖托管十年的"建管结合"模式，按照"田成方、渠成网、路相通、沟相连、旱能灌、涝能排、土壤肥、产量高"的高标准农田建设要求，推动"小田"整合为"大田"，"荒田"变"良田"，建成现代化农业集中连片良田，实现农业机械化规模种植，有效解决撂荒地复耕复种问题。已建成高标准农田 3000 亩，计划 2024 年再建设 14000 亩。

（3）建立多方利益联结机制

一方面，建立"农户—村经联社—镇经联社—中国一拖"的土地流转体系，采取固定租金模式，逐级签订流转承包合同。另一方面，打造"公司+村级股份经济合作社+农户"的模式，探索入股分红，鼓励部分农户以土地入股村经联社的方式，引导村经联社利用土地与中国一拖合作经营，让"资源变资产、资金变股金、农民变股东"。截至目前，8100 多农户通过将承包土地出租给中国一拖或入股村经联社的方式每年能获取 485 万元的租金收入，叶塘 14 个村预计每年共增加 65 万元村集体经济收入，直接带动就业 250 人，每人每月可获得 3000 元以上收益，释放劳动力 1200 多人。

（4）建立品牌深化拓展机制

在兴宁丝苗米是全国名特优新农产品、兴宁拥有兴宁香米广东省特色农产品优势区的基础上，中国一拖采取统一品种、统一作业、统一防治的"三统一"方式科学化、精细化管理，推广先进的种植技术，并在种植、收割、加工等流程配强农机力量，壮大农业生产社会化托管服务队伍，大力提升机械化水平。充分利用项目合作伙伴国机海南集团在大宗农产品进出口贸易上的销售渠道优势，通过规模化、机械化、标准化和品牌化经营，力争用3~5年时间打造出"东方红·丝苗米"全国知名品牌。

（5）**建立土地资源整合机制**

结合兴宁市在黄槐、叶塘、合水、龙田四镇跨乡镇开展全域土地综合整治试点工作，以"东方红·红苏区"现代农业基地建设为抓手，将叶塘镇荒芜土地、洼地、低效建设用地等纳入整治范围，统筹推进乡村生态保护修复、历史文化保护与风貌提升。其中叶塘镇总面积约137.4平方千米，预计三年内可补充耕地3478亩，建设用地腾挪整合2204亩。

兴宁土地资源综合利用示意图

典型案例：梅州兴宁创新实施"鸽子贷"，
强化金融支持"百千万工程"

梅州兴宁市把大力发展肉鸽特色产业作为县域特色差异化发展的重要抓手，持续强化金融支持"百千万工程"，联合交通银行创新打造"鸽子贷"金融产品，将肉鸽产业作为金融支持的主要方向，统筹5000万元支农信贷资金作为"鸽子贷"的资金池。发挥鸽企的产业"主心骨"作用，建立企业担保—农户贷款—农户向企业购买鸽苗、搭建鸽棚等—政府监督资金用于肉鸽产业—农户按贷款合同归还本息的"鸽子贷"运行模式，形成借贷"闭环"，构建起企业农户利益共同体。聚焦服务肉鸽养殖农户，推动"鸽子贷"迭代升级"2.0版本"，放大金融资金效应和联农富农效应。

（四）从化区实践

1. 基本情况

作为广州重点生态功能区，从化区位于广州东北部，森林覆盖率69.1%，素有"广州后花园"美誉，是广州北部的交通枢纽，总面积1985平方千米，常住人口72.74万人，户籍人口65.54万人。2023年空气质量优良天数比例为95.9%。2023年，从化区地区生产总值424.48亿元。从化区集温泉文化、红色文化、岭南文化等多类型文化于一体，被评为国家生态文明示范区，入选全国唯一的县域全域土地综合整治试点，涌现了生态设计小镇、莲麻小镇、南平静修小镇等一批乡村振兴亮点。从化区太平镇及13个村入选全省首批"百千万工程"典型县镇村。

在推进"百千万工程"过程中，从化区面临着产业聚集不够、发展质量不高、科技创新能力不强、城镇化水平较低和农业农村发展不平衡不充分等问题。

2. 做法与成效

（1）强化整体谋划，明确工作思路和目标任务

制定从化区推进"百千万工程"实施工作方案。聚焦高质量建设绿色发展示范区"一个目标"，坚持生态为本、产业强区、绿色发展"三项原则"，统筹南部科技创新发展区、西部城乡融合示范区、中部综合城市功能区和北部生态价值实现区"四个片区"，狠抓产业发展、平台建设、镇域发展、乡村振兴、城乡融合、深化改革、试点示范、组织保障"八项任务"。

（2）**统筹整合资源，全面提供有力支撑和保障**

一是产业政策，推进"1+3+5+N"产业发展政策体系建设，出台配套支持政策54项。二是资金政策，推动完善涉农资金投入机制，深化涉农资金统筹整合改革，投入3.12亿元到现代农业产业园等项目。三是土地政策，推进全国唯一县域全域土地综合整治试点，推进鳌头万亩良田示范项目建设。四是城乡融合政策，抓好国家城乡融合发展试验区广清接合片区建设"5+1"试点任务，推动土地、资金、人才、技术等要素在城乡双向自由流动。

（3）**着力壮大县域经济**

一是做大一产，发展都市现代农业，打造丝苗米、荔枝、绿色蔬菜等六大10亿级农业产业链，推进国家级田园综合体等重点项目建设。二是做强二产，通过联合利华"灯塔工厂"等"链主"企业带动引领美丽产业、智能家电等蝶变升级，推动生物医药、新能源等战略性新兴产业发展。三是做优三产，打好"红色""绿色"两张牌，用好温泉、荔枝等特色资源，创建国家全域旅游示范区，发展总部经济。四是建设从化经济开发区、高埔创智谷、温泉总部集聚区三大战略平台，实施园区产值倍增计划和主导产业提升计划。

从化流溪河国家森林公园

（4）分类施策，全面促进镇域发展

分类指导，聚焦打造"一镇一业"，探索将8个镇街打造成为"四个片区"的发展策略。其中，太平镇加快推进高埔创智谷、高技术产业园等重点产业平台建设，培育发展新材料、生物医药等战略性新兴产业，打造南部科技创新发展区。鳌头镇实施工业和农业"双轮驱动"，加快建设工农互促、城乡互补、宜居宜业的西部城乡融合示范区。街口街、江埔街等坚持产城融合，打造充满活力的中部综合城市功能区。温泉镇、良口镇等筑牢生态屏障，打造北部生态价值实现区。

（5）多措并举，力促乡村全面振兴

一是实施乡村产业提质增效工程。做实做优粤港澳大湾区"菜篮子"生产基地，加强荔枝等特色产业品牌塑造，深化共建全国农业科技现代化先行县，发展壮大新型农村集体经济。二是实施乡村建设拓展提升工程。打造"百里流溪"系列新乡村示范带，实施农村人居环境整治。三是实施乡村治理强基固本工程。深化全国乡村治理体系试点示范区建设，持续开展"一村（社区）一法律顾问"、民主法治示范村（社区）创建工作。四是建设"1+7"现代农业产业园。打造国家级花卉现代农业产业园，促进人才、科技、资本等要素资源聚集。

（6）坚持以人民为中心，推进城乡融合发展

一是通盘考虑土地利用、产业发展、生态保护和历史文化传承，加快构建新一轮国土空间规划体系、环境空间分区管控体系。二是创建国家乡村振兴示范县，推进全国乡村治理体系试点示范区建设。三是抓好国家城乡融合发展试验区建设，落实广清接合片区建设"5+1"试点任务。四是推进国家级县域全域土地综合整治试点工作，全域推动全区77个规划单元60个整治项目。五是促进城乡要素融合，构建城乡"人、地、钱"等要素平等交换、双向流动的政策体系。

（7）坚持党建引领，为高质量发展蓄势赋能

一是织密建强组织体系，与中国人民大学、华南农业大学共同举办首届基层党建与乡村振兴理论与实践研讨会，推动24个党建项目建

设。二是深化拓展组织功能，将党组织建在都市现代农业产业总链、6个新乡村示范带和6个特色小镇上，激发乡村振兴动能。三是锻造乡村头雁队伍，选定首批7条试点村实施"一抓双促"赛龙夺锦计划，推动试点村集体经济增长281%。四是挖掘整合人才资源，打造"从高"人才工作品牌，与42所高校（科研院所）合作打造"4+N"教学实践基地104个，打造"吕田盆地遗址群"文化品牌，推动资源优势转化为发展优势。

典型案例：从化区用好全域土地综合整治的县域尺度试点优势

2021年9月，从化区获批成为全国唯一以县域为单元开展全域土地综合整治的试点地区。2023年8月，从化区试点方案成功通过自然资源部备案。在部、省、市的大力支持下，从化区将全域土地综合整治试点工作作为推进国土空间功能布局优化、实施"百千万工程"的重大工程，系统构建10个重点示范片区、97个整治项目的项目库，率先完成鳌头万亩良田示范项目7000亩农田整治，广东省第33个全国土地日主题宣传活动及广东省全域土地综合整治现场推进会在从化召开，"从化实践"得到充分肯定。

（五）龙川县实践

1. 基本情况

龙川县位于广东省东北部，是闽粤赣接壤之处、粤闽赣皖苏物流产业带的综合枢纽。总面积3081.31平方千米，户籍人口98.18万人，常住人口69.52万人，海外华侨和港澳台同胞34.1万人。水力资源蕴藏量41.39万千瓦，可开发利用的水力资源27.7万千瓦，是全国重点生态功能区、广东生态保护发展示范区。县境内有铁矿、黑色花岗石、稀土矿等金属和非金属矿产资源20余种。全县林业用地面积23.47万公顷，占总面积的76.1%；森林面积22.44万公顷，森林覆盖率72.8%；林木绿化率72.83%；森林活立木总蓄积796.36万立方米。

在推进"百千万工程"过程中，龙川县也面临着一定的问题：一是县域经济基础薄弱，三产比例不够合理；二是镇级联城带村功能较弱，发展不平衡问题较突出；三是农村短板较为突出；四是要素保障还不够精准有力。

2. 做法与成效

（1）大力发展县域富民产业，提升县域经济

推动已有工业产业和园区经济升级，加强对承接产业和招商引资企业的甄别。发展现代农业产业链、供应链和电子商务、休闲旅游、健康养生等新产业新业态，促进产业链供应链价值链留在县域、下沉乡村。坚持县域经济发展与乡村全面振兴一体设计、一并推进，推动空间布局、产业发展、资源利用、要素配置的县域统筹，实现城乡资源要素平等交换、双向流动；持续深化农村土地制度改革和集体产权制度改革，创新农村集体经济实现形式。

龙川工业园

（2）促进区域协调，激活县域经济内生力

一是突出镇的特色，强化联城带村。开展千名乡贤返乡助力乡村振兴活动。组建强村公司，打造富民工坊。依托省级现代农业产业园

和推进实施"一镇一园"全覆盖试点建设，发展丝苗米等特色产业。依托全县46.83万亩森林碳汇资源，加大林业碳汇项目开发和储备力度，融入碳普惠交易市场。二是立足村的资源，推进乡村振兴。推广运用网格化、积分制等方式，健全"三治融合"乡村治理体系；壮大乡村产业，深化"以奖代补"和"耕耘者"振兴计划改革成果，探索建设农村产权交易平台，探索资源发包、物业出租、资产参股等多样化途径发展新型农村集体经济。

（3）**破解要素难题，强化县域发展保障力**

一是破解供地难题。加大深圳宝安（龙川）产业转移工业园区等重点产业园区"腾笼换鸟"力度，鼓励通过有偿收回、依法转让、合作开发等方式盘活土地存量。二是破解资金难题。争取省支持产业有序转移专项资金，积极申请专项债、一般债等资金，加强"政银企"合作，设立产业发展互助基金。三是大力引进人才。加快龙川技校、职校建设，加强与宝安人才交流协作，健全龙川籍人才智库，实现"人才、资金、项目"打包引进。

（4）**完善县域综合服务体系，着力改善县域发展环境**

对接引入城市优质服务资源，合理布局乡镇区域服务中心、村级服务站点。推进基础设施、公共服务等的统筹，探索县乡村功能衔接互补的建管用护路径，推动公共资源在县域内优化配置、普惠共享；统筹推进县域城乡道路、市政、管网、数字等基础设施建设；强化县域公共服务供给，推动向乡村延伸覆盖，并探索县域基础设施、公共服务多元化运营机制。

思考题：

1. 生态功能重要县域如何拓宽"绿水青山"转化为"金山银山"的通道？

2. 绿美广东生态建设如何深化推动"百千万工程"？

第十章　农产品主产区县域的实践

　　强国必先强农，农强方能国强。没有农业强国就没有整个现代化强国；没有农业农村现代化，社会主义现代化就是不全面的。广东省以习近平总书记关于"三农"工作的重要论述为指导，将农产品主产区县域作为重要战场，立足县域农业资源禀赋的实际，扎实推进农业强省建设。本章从农业发展基础入手介绍了农产品主产区县域的基本情况，明确了农产品主产区县域在市场、自然资源禀赋、产业等方面的优势，并从耕地保护、科技创新、粮食安全等的政策要求方面对农产品主产区县域发展进行梳理。最后以高州市、徐闻县、东源县和乐昌市为案例，介绍其落实"百千万工程"的主要做法。

一、基本情况

（一）发展基础

　　历年来广东省农林牧渔业产值在全国排在前列。目前已建成高标准农田超 2700 万亩，2023 年全省农业科技进步贡献率超过 72%，农业发展由要素依赖加速向创新驱动转变。全省纳入全国名录系统的家庭农场 15.91 万家，农民合作社和社会化服务组织分别发展到 5.05 万个和 3.67 万个以上，适度规模经营实现新发展。2023 年农业强省建设取得新进展，新创建国家优势特色产业集群 2 个、国家现代农业产业园 3 个，菠萝、柚子等特色农产品产销两旺，油茶生产任务超额完成，水稻、生猪育种全国领先，水产种苗产量、水产品总产量、农产品进出口总额均居全国首位。认真落实习近平总书记"荔枝产业要发展，不解决保鲜问题不行"的重要指示，推广荔枝保鲜全链集成技术，部分品种保鲜时间从 6 天延长至 1 个月，荔枝鲜果远销欧美，出口总量增长 59.2%。

从全省农业区域布局来看，农产品主产区县域在珠三角和粤东粤西粤北地区都有分布。珠三角核心区是要立足经济发展条件好、开放水平高、科技实力雄厚、农业农村现代化发展走在全省前列的现实基础，以粤港澳大湾区建设和深圳建设中国特色社会主义先行示范区为契机，加快建设全省农业农村现代化引领带动区，力争到 2025 年率先基本实现农业农村现代化，率先建成农业高新技术创新高地，率先基本建立健全城乡融合发展体制机制与政策体系，推动形成与国际一流湾区和世界城市群相匹配、相融合的都市精细农业、精美农村，引领带动全省农业农村高质量发展。建设都市农业现代化先行区，全面推动珠三角都市农业产业体系、生产体系与经营体系现代化建设，聚焦"菜篮子"产品安全供给，建设提升"菜篮子"生产供应基地，建设一批枢纽型农产品冷链物流园区、冷链物流区域配送中心和"粤字号"农业品牌展销中心。粤西要突出粮食和重要农产品生产保障功能，建设稳产保供核心基地和城乡区域协调发展重点推进区。以粤西热带亚热带农业现代化示范区为引领，着力提升保供能力，加快建设粮食生产功能区、重要农产品生产保护区。粤东要重点聚焦精细特色农业发展，发挥粤台农业合作优势，挖掘潮汕文化底蕴，建成具有显著岭南特色的农业农村高质量发展示范区。建设潮汕平原精细农业功能区，大力发展设施农业、立体农业和高附加值特色农业，发展蔬菜、茶叶、优质水果、花卉、水稻、畜禽、深水网箱养殖等特色产业。粤北要以人与自然和谐共生的现代化为目标，坚持"绿水青山就是金山银山"理念，坚持生态保护屏障的区域战略定位，深入实施可持续发展战略，力争到 2025 年建成生态保护和农业绿色发展试验区，以绿水青山生态环境和绿色优质农产品对接融入粤港澳大湾区大城市、大市场，引领创造绿色健康安全新消费。建设粤北山地生态农业现代化示范区，建设全省优质稻、柑橘、柚子、茶等绿色农产品生产供给基地，加快转变发展方式，推进农业面源污染防治，强化土壤污染、水土流失等治理和修复，打造全国农业绿色发展先行区。

（二）发展优势

1. 市场优势

广东常住人口过亿，加上毗邻港澳的地缘优势，消费市场广阔，GDP、财政收入全国第一，是农业农村发展的强大支撑力和推动力。粤港澳大湾区历经五年的发展，现已成为我国开放程度最高、经济活力最强的区域之一，以香港、澳门、广州、深圳为代表的城市群，近13万亿元 GDP，形成了一个庞大的消费市场。而随着粤港澳大湾区规划与建设步伐的加快，农产品需求与供应也将更加繁荣。数据统计，广州市每天消耗约5000吨大米、6000吨水果、4000吨蔬菜、20000头生猪；每天约152车1400吨蔬菜从内地运往香港，2016年全年供港蔬菜50806车474600吨，鲜活产品221.9万吨，总价值54亿美元，约占香港市场的50%；澳门，日蔬菜需求量160吨左右。因此，广东农产品主产区具有"近水楼台先得月"的地理优势。

此外，农业的多功能性为大湾区建设所必需。时至今日，农业已经不再单纯只是承担食品生产和保障功能，还具有生态环境功能、农民就业与社会保障功能、社会稳定与社会调节功能、国家安全功能（不仅包括粮食安全，还包括食品安全与食物主权等）、文化教育功能、康体休闲功能等。广东农业通过发挥农业的多样化作用，不仅为湾区居民提供必要的食品保障和就业机会，而且能够提供休闲、研学、康养等重要空间。

2. 自然资源禀赋优势

在农业发展进程中，自然资源禀赋的丰裕程度是农业比较优势的基础条件。在资源总量上，广东现有土地 17.98 万平方千米，其中宜农地 434 万公顷，占 24.14%；宜林地 1100 万公顷，占 61%。从土地利用的实际情况来看，2008 年广东农用地约 1489.1 万公顷，在全国 31 个省份中排名第 14。因此从总量来看，广东在土地资源总量上具有一定的优势。从全国来看，广东农业生产自然条件优势突出表现为全省属热带、亚热带季风气候区，北回归线横贯本省中部，又濒临南海，光、热、水等气候资源丰富。年平均气温高于其他省份，除粤北少数山区外都在 20℃以上。年平均日照为 1400~2600 小时，大多数地区为 1800~2000 小时；到达地面的太阳辐射量每年为 55~65 千卡/平方厘米。总体来看，日照时间长，雨量充沛，一年四季均可种植，特色农业资源丰富，非常适合种植农作物。

3. 产业优势

广东作为农业大省，在土地、劳动力及农业经营体系等方面都具有较为扎实的产业基础。在劳动力方面，广袤的南粤大地上散布的自然村落超过 17 万个，生活着 1233.35 万农业生产经营人员，为农业发展提供充足的劳动力。在土地资源方面，以全国约 1.9%的面积，生产着约占全国 4.9%的蔬菜、6.6%的水果、5.2%的肉类和 13.4%的水产品。建成高标准农田超 2700 万亩，2023 年全省农业科技进步贡献率超过 72%，主要农作物耕种收综合机械化率达到 65%，农业发展由要素依赖加速向创新驱动转变。从 2023 年农产品供给能力来看，广东粮食产量稳定在 1200 万吨；生猪年末存栏恢复到常年的 83%；"粤字号"农产品质优量增，产出约占全国 4.7%的蔬菜、6.5%的水果、5.2%的肉类和 13%的水产品，为应对国内外风险挑战、稳定经济社会发展大局提供了有力支撑。从农业经济体系来看，全省纳入全国名录系统的家庭农场 15.91 万家，农民合作社和社会化服务组织分别发展到 5.05 万个和 3.67 万个以上，土地流转率达到 50.45%，适度规模经营实现新发展。从农业产业集聚程度来看，现代农业产业园蓬勃兴起，带动农产品加工业、服务业加快发展，全省农产品加工业产值与农业总产值之比达到 2.44∶1，休闲农业与乡村旅游年接待超过 1.35 亿人次，农产品短视频矩阵营销成为新亮点，一二三产业融合发展新格局初步形成。

二、政策要求

广东省委、省政府出台了一系列含金量高的新政策、新举措，全省上下关注农业、关心农村、关爱农民的氛围更加浓厚，形成强大工作推进合力。2023 年出台的《中共广东省委 广东省人民政府关于做好 2023 年全面推进乡村振兴重点工作的实施意见》中指出，坚持农业农村优先发展，坚持城乡融合发展，强化科技创新和制度创新，聚焦实施"百千万工程"，聚力广东"三农"高质量发展，牢牢守住确保粮食安全和防止规模性返贫等底线，扎实推进乡村发展、乡村建设、乡村治理等工作，重点支持一批县镇村开展乡村振兴示范创建，加快建设农业强省，建设宜居宜业和美乡村，力争农民收入增速高于城镇居民、粤东粤西粤北地区农民收入增速高于全省平均水平，持续缩小城乡居民收入差距，加快把县镇村发展的短板转化为高质量发展的潜力板，推动城乡区域协调发展向更高水平和更高质量迈进。

（一）多策并举推进藏粮于地

一是加强耕地保护利用。开展市县党委和政府耕地保护责任制考核。严格落实耕地占补平衡、进出平衡管理，确保耕地数量总体稳定。加强耕地动态监测，全链条遏制违法用地。开展耕地种植用途管控试点工作，落实耕地利用优先序，有序推进非粮品种上坡上山，鼓励利用"四荒"资源，避免与粮争地。开展县域耕地质量等级变更评价。继续实施县域撂荒耕地复耕复种奖补政策，有序推进连片撂荒耕地复耕复种。二是深入实施"南粤良田"工程。整区域谋划高标准农田建设。以大规模连片农田为重点，逐步把永久基本农田全部建成高标准农田。加强农业结构调整管控，防止永久基本农田"非粮化"。启动小型农田水利补短板攻坚三年行动，建设一批粮食生产急需的小型农田水利项目，保障田头用水。以增加灌溉面积为目标，推动大中型灌区创建工作，持续推进大中型灌区续建配套与现代化改造工程建设。启动堤防达标、大中型水闸除险加固三年攻坚行动，推进中小河流治理、重点山洪沟防治、山洪灾害防治非工程措施完善。深入推进农业水价综合改革。

（二）加大农业科技创新

一是深入实施"粤强种芯"工程。加强特色优势品种研发。扎实开展农业种质资源鉴评、保护与利用。高水平建设南繁科研育种基地和广州、深圳种业创新高地。完善农业科技领域基础研究稳定支持机制。完成农业种质资源普查任务。二是推动农业关键核心技术攻关。完善省、市、县农业科技成果转化平台体系。推动广州从化区、汕尾海丰县等产量大县（区）加快建设全国农业科技现代化先行县，支持深圳市打造农业科技创新先行示范区，支持河源市灯塔盆地创建国家农业高新技术产业示范区。加快适用农机研发推广。落实农机购置与应用补贴政策，探索与作业量挂钩的补贴方式。加强农机装备研究院和产业园等建设。深化拓展农业科研院所与地方科技合作。健全科技成果转化机制，完善农业技术推广体系，探索适应新时代发展需要的技术服务模式。深入实施科技特派员制度，支持开展"数字+轻骑兵"农业技术推广专项行动。

（三）优化粮食等多元食物功能区布局

严格落实"菜篮子"市长负责制。大力发展冬种农业和北运蔬菜产业，深化粤港澳大湾区"菜篮子"工程建设。落实生猪产能调控机制，稳定生猪基础产能。加快培育发展油茶、竹、中药材等林业特色产业，科学利用林地资源，促进木本粮油和林下经济发展。发展青贮饲料，加快推进秸秆综合利用和秸秆饲料化。制定促进农业微生物产业加快发展的政策措施，加强微生物资源综合开发利用。培育一批食药用菌重点县、示范镇村，推进粤北山区食用菌优势产业带建设。大力培育功能性食品与营养保健相关产品产业。

三、典型案例

（一）高州市实践

高州市农林牧渔业总产值连续多年名列广东各县（市）第一，山地亩产值更居全国之冠，曾被誉为"广东省山区综合开发的一面旗帜"。高州市坚持以推动农业农村高质量发展为主题，以创建国家农业现代化示范区为抓手，积极构建"跨县集群、一县一园、一镇一业、一村一品"现代农业产业体系。通过园区承载、主体引领和资源整合促进产业链条联通，培育农业产业多元化"动力源"，推动农业特色

高州贡园

化、规模化、品牌化转型，高州市农业产业规模、产量、产值稳居全省前列，为加快农业农村现代化和乡村全面振兴奠定坚实基础。

1. 立足资源禀赋，壮大优势特色产业规模

立足当地资源优势和规模优势，高州市构建以优质水稻与特色水果为主、蔬菜与畜禽水产等为辅的优势特色产业体系。全市农林牧渔业总产值近年长期位列全省各县第一，其中粮食面积与产量连续多年稳定在 90 万亩和 40 万吨以上，稳居全省各县第一。已建成广东集中连片最大的北运菜生产基地（冬种作物面积 28 万亩，年产量 52 万吨）、华南地区最大的蛋鸡养殖基地（存栏 800 万只）。生猪养殖规模（年出栏 138 万头以上）位居广东各县前列。此外，作为广东最大水果生产基地、全国最大荔枝产业基地、全国最大龙眼产业基地，高州市以荔枝、龙眼、香蕉为代表的岭南特色水果持续提质扩面，水果种植面积与年产量分别扩至 130 万亩、198 万吨，实现种植产值超 177 亿元，带动农民增收致富。

2. 延链补链强链，促进产业集聚集群发展

一是强化农业产业平台建设。高州市以产业园等为重要载体支撑农业全产业链加速集聚集群发展，初步构建起以创建国家农业现代化示范区为引领，以国家级茂名市荔枝现代农业产业园、国家级茂名市罗非鱼优势产业集群和国家级大唐荔乡田园综合体为骨干，以省级荔枝、龙眼、香蕉、丝苗米 4 个现代农业产业园为支撑，以京基、温氏、海大 3 个大型生猪养殖项目为节点的"1+3+4+3"现代农业产业集聚发展格局，有力引领带动全市优势特色产业全产业链强基、提质、长链、融合、富民。在产业园等带动下，全市农产品加工企业达 129 家，年加工农产品超 100 万吨。二是全方位搭建农产品仓储物流体系。重塑提升产地农产品冷链仓储流通体系，在全省率先建成 59 个田头智慧小站，搭建田头智慧小站数据中心，大力发展电子商务等新业态，鲜果干果电商微商年销售额超 6 亿元，入选全国农产品产地冷藏保鲜整县推进试点县和农业农村部全国农产品数字化百强县。三是协调推进农文旅融合发展。通过整合高州贡园、红荔阁、荔枝种质资源圃、荔枝博物馆、大唐荔乡田园综合体等，打造特色产业休闲文化旅游带，逐步形成"旅游+文化+康体+优势特色产业"等高品位"农旅文创一体化"融合发展态势，并沿国道、省道将乡村风貌提升与乡村旅游线路示范带打造相结合、多规合一，在东部、南部、北部、中部打造各具特色的示范带。

3. 强化品牌培育，推动农业绿色转型升级

以质量兴农为引领，推动农业绿色高质量发展。全面实施品种培优、品质提升、品牌打造和标准化生产"三品一标"提升行动。持续推进化肥农药减量增效利用，开展测土配方施肥与有机肥替代化肥。大力推进统防统治与绿色防控，化肥与农药施用量连续三年实现负增长。大力发展种养循环农业，建设1万亩水稻秸秆机械化收获粉碎还田项目、秸秆饲料化利用项目，日加工秸秆能力超100吨，农作物秸秆综合利用率、畜禽粪污资源化利用率分别达95%和80%，成功创建国家农产品质量安全示范县、全国农作物病虫害绿色防控示范县，农产品质量安全水平持续大幅度提升。

实施品牌强农战略，擦亮农业发展"金名片"。深入推进农产品"12221"市场体系建设，积极举办农业文化节、北上推介、荔枝定制等活动，组织引导产业经营主体开展品牌培育认证，拥有国家名特优新农产品12个、国家农产品地理标志产品3个、"粤字号"农业品牌22个；2020—2023年中国荔枝产业大会连续四年在高州召开，高州荔枝品牌价值达到122.2亿元，成为全省荔枝"最有价值区域公用品牌"中首个突破百亿元的品牌。

（二）徐闻县实践

徐闻县地处中国大陆最南端、广东省西南部，是汉代海上丝绸之路始发港，直扼大陆通往海南和东南亚之咽喉。徐闻县土地资源丰富，耕地土层深厚，疏松肥沃，利于耕种。2023年上半年徐闻县实现生产

总值（GDP）121.37亿元，比上年同期增长4.2%。其中，第一产业增加值63.49亿元，同比增长4.3%，三大产业比为52.3∶13.0∶34.7。

徐闻"菠萝的海"

1. 稳定全年粮食播种面积和产量

首先是抓好水稻生产种植任务和扩种任务分解落实，确保粮食安全生产任务完成。粮食安全事关国家安全大局，徐闻县高度重视市政府下达的水稻种植任务，严格落实党政同责的工作要求。2023年水稻粮食种植面积超过20万亩，其中早稻种植面积超过10万亩，晚稻种植面积超11万亩。其次是全力推动撂荒地调查及推进撂荒地复耕复种工作。全力推动撂荒地调查，摸清撂荒底数并查清撂荒原因后及时推进撂荒地的复耕复种，2022年完成18160亩撂荒耕地复耕复种工作任务。最后是全面落实强农惠农政策。2023年中央财政耕地地力保护补贴下达资金9000万元，补贴发放标准每亩超过90元。

2. 稳步推进农业重点项目建设

积极推进农业领域重点项目建设，完成农业行业固定资产投资7.2234亿元。一是稳定生猪产能。重点抓好京基智农生猪养殖项目一二三期工程，2023年生猪存栏超过35万头。二是抓好农产品产地冷藏保鲜整县推进试点县工作。围绕水果、蔬菜两大产业，根据全县14个乡镇蔬菜、水果需求程度，已立项24家实施主体，截至2022年底建成A类冷库（1500立方米以上）8个，B类冷库（750立方米以上）15个，C类冷库（350立方米以上）25个，"田头智慧小站"1~2个，全部建成后总容量49580立方米，能有效解决徐闻县新鲜农产品和农业初级加工品保鲜和储存运输难问题。三是抓好农业基础设施建设。重点抓好高标准农田建设，总投资6937.43万元，建设高标准农田3.8万亩。徐闻县高标准农田建设项目上级下达计划任务3万亩，其中高效节水灌溉项目任务量0.1万亩，投资总额5760万元。

3. 加快产业融合发展

一是抓好菠萝产地运营中心和玉米省级现代农业产业园建设。菠萝产地运营中心（RCEP菠萝国际采购中心）在2022年建成投入使用，为徐闻县菠萝产业高质量发展注入新的发展动力。徐闻菠萝2022年鲜果销售火爆，产值约25亿元。玉米省级现代农业产业园于2022年5月获批创建，建设内容包括农业设施、土地流转、产业融合、科技研发与信息支撑、农业品牌、联农带农等多个领域，计划总投入资金2亿元，其中省级财政专项资金5000万元，撬动社会资本投入1.5亿元以上，项目建设将会对徐闻玉米产业发展提档升级提供支撑，推动徐闻玉米产业效益整体提升。二是抓好组织重点农业龙头企业申报工作。积极动员符合条件的辖区企业积极申报，目前全县有市级以上重点农业龙头企业19家（其中省重点农业龙头企业6家，市重点农业龙头企业13家）。抓好农产品加工企业建设，全县有菠萝加工企业24家，注册的小鲜菠萝加工企业16家。三是推进农产品"12221"市场体系建设。成立采购商服务中心，开通服务热线"17818812221"，全程给采购商提供优质对接服务；持续推进"线上采购商对接会"；抢抓RCEP机遇，加大力度推动徐闻菠萝出口，联合海关部门组织开展RCEP政策宣讲，积极支持徐闻菠萝等农产品出口；举办"万家菠萝宴 团圆幸福味"菠萝年宴、粤菜师傅"十大菠萝名菜"烹饪技能比赛、菠萝送祝福、万家菠萝宴线上嘉年华等活动；邀请大 V、达人策划徐闻菠萝话题；与广州航天育种中心合作，启动地标菠萝种业提纯复壮太空行活动；成功举办"2022 年广东徐闻'菠萝的海'百千田头直播开锣暨全球采购商大会"活动，向全球采购商、主播发出邀请。

（三）东源县实践

东源县是广东省 40 个产粮大县之一，粮食播种面积达到 38.08 万亩，其中水稻种植面积为 35.1 万亩。通过以广东兆华种业、霸王花等有实力的市场主体带动产业发展，全面推进一二三产业融合发展，有效整合科技、平台、产业资源，加快搭建市场、生产、科研之间的桥梁，打造现代化农业示范点，辐射带动全县水稻全程机械化水平快速提高，引领全国顶尖现代农业技术示范。

东源县柳城镇万亩智慧农场

1. 夯实粮食安全根基，抓住种子和耕地两个要害

一是全力推进撂荒耕地复耕复种，2023 年巩固连片 15 亩以上撂荒耕地复耕复种面积超 6 万亩。二是积极推进高标准农田建设，全县现有高标准农田 30 万亩。2022 年建成高标准农田 2.5 万亩。2023 年建成高标准农田 2.8 万亩。三是实施种业提升行动。积极开展种质资源普查，完成了茶叶、板栗、蓝莓、肉鸡、肉鸽、种猪、马铃薯等种业资

源基地建设。强化种子品质安全监管，做好种子经营备案工作，2023年上半年在东源县经营的水稻种子备案网点91个，委托代销备案10个，经营不分装备案273个，共检查企业门店基地数15间（个）。四是建立耕地质量长期定位监测点，根据省市有关文件要求，东源县建设省级耕地质量监测点1个（设置在柳城镇下坝村），建设市级耕地质量监测点5个（设置在灯塔镇、船塘镇、上莞镇、涧头镇、蓝口镇等5个镇）。目前，省级、市级耕地质量监测点已完成建设工作。五是强化制度保障，出台了《东源县加强耕地保护确保粮食安全的若干措施》，建立县、镇、村、村民小组"四级责任田制"，成立东源县粮食生产工作领导小组，由县委书记任组长、县长任副组长、党政分管领导任执行副组长，各乡镇党政负责人、相关职能部门主要负责人为成员。

2. 聚焦农业转型升级，推动农业"三产"融合发展

一是大力实施"茶产业提质增效年"行动。出台《东源县茶产业高质量发展实施意见（2023—2025年）》《东源县茶产业高质量发展专项资金使用方案（2023—2025年）》和《2023年东源县"茶产业提质增效年"行动方案》等相关文件推动茶特色产业加快发展。2023年召开了东源县茶产业高质量发展暨"茶产业提质增效年"行动推进会，并成功举办2场东源县茶旅文化节招商推介系列活动，成功签约招引项目共8个，投资总额达8.3亿元。在第五届中国国际茶叶博览会上，东源县仙湖茶乡旅游精品路线成功入选全国40条茶乡旅游精品线路，同时，河源柳上美人生态农业有限公司、东源县仙湖山农业发展有限公司获得全国首批生态低碳茶认证。二是新型农业经营主体不断壮大。全县现有农业龙头企业共157家（其中国家级4家，省级30家，市级94家，县级29家）、家庭农场308家（其中省级示范家庭农场20家，市级示范家庭农场9家，县级示范家庭农场7家）、县级以上农民专业合作社示范社174家（国家级14家、省级50家、市级74家、县级36家）。2023年出台了《关于开展组织申报2023年县级农业龙头企业、县级农民合作社示范社、县级示范家庭农场的通知》，评选

东源仙湖茶种植园

出 2023 年县级农业重点龙头企业 7 家，推荐申报市级农业重点龙头企业 9 家，推荐申报省级农业重点龙头企业 4 家。三是品牌效益不断提高。全县有 2 个国家地理标志产品（霸王花米粉、东源板栗）；有机产品认证企业 15 家，认证产品 23 个，认证规模 12810.5 亩；绿色产品认证企业 11 家，认证产品 21 个，认证产量 13882.98 吨。

3. 强化科技支撑，发展现代高效农业

一是全面推进农业机械化，加大农机推广力度，做好农机购置补贴工作，2023 年水稻耕、种、收综合机械化水平达到 70%。扶持发展农机社会化服务公司，提升农机社会化服务水平。二是深化院校合作，加强与省农科院、省科学院、华南农业大学、仲恺农业工程学院的合作，利用好东源农业促进中心这个平台，不断提升基层农技推广能力。加快罗锡文院士工作站（东源县水稻智慧农场技术创新研究中心）建设，每年投入 150 万元，为全县现代化农业起到示范引领作用。三是加快构建种业创新体系，持续推进 12 个种业基地建设，提升品种创新、企业竞争、供种保障、依法治理"四大能力"。

（四）乐昌市实践

乐昌市位于广东省北部、韶关市北部，毗邻湖南省，素有"广东北大门"之称，总面积2419平方千米，面积和人口均位列韶关首位。2023年，乐昌市地区生产总值146.03亿元，其中第一产业增加值为34.51亿元。

乐昌市长来镇和村

乐昌市形成了马蹄、茶叶、烟叶、香芋、优质稻、蔬菜、水果、生猪等特色农业产业，打造了一批特色农业品牌，其中张溪香芋、北乡马蹄、沿溪山白毛尖茶获得国家地理标志产品保护，还有九峰奈李、廊田香米、梅花子姜辣椒、黄圃板栗等特色农产品。

1. 坚持稳中求进，守住粮食安全基本盘

一是高质量抓好粮食生产任务。乐昌市将年度目标任务层层细化分解，压实乡镇责任，做到千斤重担大家挑，进一步强化政策激励，加快各类补贴发放进度，2022年以来已发放耕地地力保护补贴2802.84万元，受益农户73917户，涉及耕地32.6万亩；已落实政策性水稻、玉米种植保险保费597.3万元，实现水稻、玉米承保全覆盖；

累计发放四批次实际种粮农民一次性补贴共计 780.47 万元，受益农户77619 户；统筹资金 350 万元，对乐昌市连片种植水稻、玉米达到 20亩的种植户给予一次性补助。二是高标准推动撂荒地复耕灭荒。出台《2022 年乐昌市撂荒耕地复耕复种激励方案》，安排本级财政资金 400万元和省级涉农统筹整合转移支付资金 378.04 万元，对撂荒耕地复耕种植粮食的农户和新型经营主体进行激励奖补，扎实推动撂荒耕地复耕复种。三是高站位做好灾后复产工作。突出"部署早、抢种快、措施准、管理细、保障实"，全力做好农业防汛、抗旱、防寒救灾和灾后恢复生产工作，有力保障粮食生产安全和经济社会发展。

2. 立足资源禀赋，加快发展优势特色农业产业

一是全面优化农业产业体系。2022 年出台《乐昌市发展优质水果、茶叶产业奖补方案（试行）（修订版）》，采取以项目扶持、专项资金扶持为主，以农技合作推广、用地保障、督导考核、资金监管为辅的方式，推动发展种植优质水果、茶叶产业，推广标准化种植。截至 2023 年初乐昌市已有 50 多个项目提出申请，经审核申报资料，符合奖补条件面积约 4000 亩，奖补资金近 700 万元。二是全面加强农业技术指导。在两江镇、北乡镇、廊田镇选取奈李水心病防控技术研究与示范项目试验点，指导秀水镇开展梨树锈斑病防控及跟踪新品种试验示范工作，推广良种良法，在长来镇建立了 200 亩水稻绿色高产高效示范基地，推广优质抗病水稻新品种泰丰优 736，以良种良法夯实稳产增收。三是持续发力推广绿色水产。出台《乐昌市 2022 年水产绿色健康养殖技术推广"五大行动"实施方案》，完成了乐昌第一次水产养殖种质资源普查工作，不断提升示范水产基地绿色健康养殖技术的质量水平。

3. 聚焦品牌打造，持续提高"乐农优品"系竞争力

扎实推进特色农产品"12221"市场体系建设，举办 2022 中国（乐昌）黄金奈李国际网络节暨乐农优品云展会，以"乐昌心意，黄金奈李"为主题，以"网络节+云展会"为小切口，把黄金奈李这张

乐昌黄金奈李

乐昌国家地理标志产品——炮弹芋头

乐昌最大的产业名片推广出去，以果亮牌，全力提高"乐农优品"品牌体系竞争力。一是主流媒体报道。先后在CCTV-2《第一时间第一印象》及CCTV17《致富经》栏目，播出"广东乐昌香芋、马蹄宣传画面""韶关乐昌渔业：带着新观念，抱团发鱼财"等展示乐昌农业新面貌的专题片，向全国观众宣传乐昌农特产品，提升乐昌农特产品知名度。二是城市地标亮屏。黄金奈李登上广州塔，在粤港澳大湾区核心城市与消费者见面，进一步提升乐昌黄金奈李品牌乃至"乐农优品"品牌知名度和影响力。三是名人代言打call。跳水奥运冠军胡佳、中国象棋国际特级大师许银川、歌唱家张琼、网络红人等纷纷为黄金奈李代言打call，从产地到销区，切实提升黄金奈李曝光度，带动"乐农优品"展示展销。

思考题：

1. 目前农产品主产区县域在高质量发展过程中面临哪些瓶颈？

2. 农产品主产区县域如何突破要素瓶颈，实现高质量发展？

第十一章 老区苏区、民族地区和
省际边界地区县域的实践

党的十八大以来，广东针对老区苏区、民族地区和省际边界地区发展出台了多项政策。"百千万工程"对加快相关区域发展提出了新的要求、提供了新的契机。本章介绍了广东老区苏区、民族地区和省际边界地区县域的基本情况，阐述了推动相关地区高质量发展的政策要求，并分析了梅县区、海丰县、封开县、连山县、连州市、饶平县推进"百千万工程"的实践探索。

一、基本情况

（一）发展基础

1. 县域 GDP 总量小

2023 年广东省 GDP 总量超过 13 万亿元。从总量上看，珠三角 9 个城市 GDP 达到 11.02 万亿元，与 2022 年相比增长 1.82 万亿元。广东省经济向珠三角地区进一步集聚的趋势明显，珠三角 9 市 2023 年 GDP 占全省比重达 81.24%，比 2022 年提升近 10 个百分点；粤东粤西粤北地区 2023 年 GDP 占全省比重达 18.76%。而 2022 年非珠三角 12 市 GDP 合计 24436.7 亿元，占广东省的 18.9%，2021 年这个数据是 19.1%，差距并未缩小。从人均 GDP 来看，2021 年珠三角人均 GDP 是粤东粤西粤北地区的 2.60 倍，2022 年是 2.63 倍，2023 年是 2.67 倍。

尽管揭阳、汕尾取得了 8% 以上的名义增速，但粤东粤西粤北地区有 9 个城市 GDP 增速都低于全省平均增速。在 6 个市典型老区苏区、民族地区和省际边界地区的 30 个县域 GDP 中，仅 2 个略超 400 亿元，6 个在 100 亿元以下，其中有 21 个县域 GDP 占所属市比重在 10% 以下，最低的连山县仅为 2.1%。由此可见，老区苏区、民族地区和省际边界地区的县域经济发展绝对水平落后突出。

2. 县域第二、三产业发展弱

总体来看，与珠三角相比，粤东粤西粤北地区第一产业占据主导，第二产业、第三产业发展明显滞后。由下表可知，无论是从规模以上工业增加值增速还是从固定资产投资增速来看，与珠三角相比，粤东粤西粤北地区增速均低于珠三角核心区。分地区看，2022 年珠三角地区固定资产投资增长 0.4%，粤东地区下降 13.4%，粤西地区下降 10.6%，粤北地区下降 14.4%。也就是说，无论从总量还是增速来看，粤东粤西粤北地区第二、三产业发展都较为薄弱，老区苏区、民族地区和省际边界地区的县域产业发展水平明显低下。

表 2022 年广东分区域各主要指标对比图

区域	地区生产总值（亿元）	比上年增长（%）	规模以上工业增加值增长（%）	固定资产投资增长（%）	社会消费品零售总额增长（%）	地方一般公共预算收入（同口径）增长（%）
珠三角核心区	104681.81	2.1	2.4	0.4	1.6	2.0
东翼	7913.42	0.6	−7.6	−13.4	−0.1	2.0
西翼	9152.20	0.8	−3.0	−10.6	1.8	0.7
北部生态发展区	7371.15	0.9	−0.6	−14.4	0.4	4.9

资源来源：2022 年广东省国民经济和社会发展统计公报。

3. 县域一般公共预算收入低

2023 年全省全年一般公共预算收入完成 1.39 万亿元。但从总量上看，珠三角和粤东粤西粤北地区差距悬殊。由上表可知，从增速来看，珠三角和粤东粤西粤北地区一般地方公共预算收入增长速度存在差距，但差距缩小，这既有各地区经济发展的因素，也有省财政转移支付的影响。省财政安排均衡性转移支付、县级基本财力保障奖补资金 962.31 亿元倾斜支持困难地区兜牢兜实"三保"底线，安排专项财力补助 61.27 亿元支持老区苏区、民族地区、省际边界地区等加快振兴发展。①

（二）发展优势

一是政策支持优势。广东省出台多项政策对全省老区苏区、民族地区和省际边界地区振兴工作进行部署。如《中共广东省委　广东省人民政府关于新时代支持革命老区和原中央苏区振兴发展的实施意见》明确 2021—2025 年省财政新增安排 210 亿元，助力老区苏区人民"喝好水、走好路、读好书"。提高专项财力补助标准，重点老区苏区补助标准提高至每县每年 5000 万元，其他老区提高至每县每年 2000 万元。

二是绿色生态资源优势。老区苏区、民族地区和省际边界地区大多位于广东生态核心区，自然资源丰富，生态优势明显。因此，绿色生态是该区域的特色优势所在。根据习近平生态文明思想和绿美广东生态建设重大决策，坚定不移走生态优先、绿色发展之路，成为该区域推进"百千万工程"的重要法宝。

三是文化资源优势。该区域既包括红色文化资源，也包括民族文化特色资源。老区苏区是具有光荣革命历史的红色土地，是革命的重要策源地，红色资源丰富。而广东是多民族聚居的省份，少数民族数

---

① 《广东省 2022 年预算执行情况和 2023 年预算草案的报告》，广东省人民政府门户网站 2023 年 2 月 9 日。

量多，特色民族文化、岭南文化资源丰富。

四是省际边界优势。省际边界地区具有地理交通优势，连接多个省份，跨省合作的机遇和形式多样，支持政策多，互利合作的概率大，成为省际边界地区发展的新动能。

（三）发展需求

老区苏区、民族地区和省际边界地区县域主要分布在粤东、粤西和粤北地区，受历史、地理位置偏远和区位优势不突出等因素影响，这些区域的经济发展速度相对滞后，产业层次低，基础设施差，民生欠账多，在资源、要素、产业、人才等方面尚未形成内生的循环机制，内生动力不足。

一是经济发展相对缓慢，县域经济基础薄弱。三产比例不合理，存在农业缺规模、工业缺后劲、投资缺储备、商贸缺动力等问题，农业小散的局面亟须破解，精深加工程度不高；投资缺乏大项目支撑，部分重点项目建设落后；大宗消费、高端消费供给能力较低。

二是镇级联城带村功能较弱。镇域经济实力整体偏低，发展不平衡问题较突出，圩镇建设相对滞后。资源优势没有充分转化为经济优势，镇域经济潜力有待深入挖掘。

三是农村短板较为突出。农业产业化水平不高，农产品精深加工和高端产品开发有待加强。农村基础设施落后，公共服务水平不高，人居环境"脏乱差"，"三线"整治不够到位。同时，农村劳动力流失严重，出现"空心化"现象，乡村振兴任务艰巨。

四是基础设施建设仍然薄弱。教育、医疗、养老等要素保障日益趋紧，发展不平衡不充分问题依然突出。

总体来看，在思想观念、基础设施建设、产业层次、发展动能等方面仍需提升。因此，要围绕基础设施建设、产业发展、红色旅游、生态建设、开放合作、财政支持、对口合作等全方位部署工作，加快培育内生发展动力，推动区域协调发展。

二、政策要求

对老区苏区、民族地区和省际边界地区中综合实力较弱的县域，要加快补齐其在产业发展、城镇建设、公共服务等方面的短板，进一步强化政策机制，加大财政支持力度，托住保障底线，激发内生动力，培育发展新动能，推动振兴发展。

一是加强基础设施建设，构建外联内畅的发展基础。建设和完善公路、桥梁等交通运输设施，完善水库、灌排工程等水利设施，完善光纤网络、基站等电信网络设施，为推进革命老区产业发展、对外交流等奠定外联内畅的发展基础。

二是培育壮大特色产业，增强内生发展动力。聚力构建具有山区民族特色的现代化产业体系。充分发挥传统产业优势，与信息技术、工业互联网等相融合，实现产业数字化、智能化升级。推动产业集聚扩能增效，承接珠三角地区产业梯度转移，引进大项目，延长产业链。抓住新兴产业发展的机遇，发展新能源、海洋产业、特色农业等。同时把社交平台、电商平台等作为对外宣传和交流的重要通道，提升曝光度、知名度，打造特色品牌效应，把优质产品带出去，把人才、投资、消费引进来。

三是传承弘扬红色基因，保护革命历史精神财富。老区苏区历史文化底蕴深厚，旅游价值极高。因此，要充分挖掘老区苏区的红色资源，在保护当地生态环境和文化传统的基础上，打造高质量特色旅游路线，发展旅游观光产业，做全产业链。

四是加强民生保障，提升人民幸福感、获得感。加强医疗卫生、教育、社会福利等方面的社会保障体系建设，完善教育基础设施和教育体系建设，提升老区苏区人民的教育水平，促进人才培养和人力资源的开发。

五是加大生态保护力度，推动可持续发展。支持打造"绿水青山就是金山银山"的广东样板。加快推动碳汇交易，引入省级碳普惠制项目。抓好南岭自然生态系统保护与修复工作，发展林下经济。立足资源禀赋走特色发展、差异化发展道路，抓住用好"百千万工程"实施重大机遇，充分发挥生态环境、民族文化等方面的比较优势，补短板强弱项，推动高质量发展。

三、典型案例

广东相关区县全力把"百千万工程"的"写意画"转化为实现高质量发展的"工笔画"。

（一）梅县区实践

1. 基本情况

梅县区位于广东省东北部、韩江上游，总面积 2482.86 平方千米，2022 年末常住人口 55.51 万人。梅江为主干流，水能理论蕴藏量 30 万千瓦，占全区水能理论蕴藏量（40.13 万千瓦）的 75%。矿产资源以大理石、煤、铁、锰等为主，其中大理石储量 40 多亿吨、煤近 4 亿吨、铁 1318 万吨、锰 700 万吨。梅县是汉族客家民系聚居地，素有"文化之乡""长寿之乡""华侨之乡""足球之乡"的美誉。

梅县区在推进"百千万工程"中也面临着不少难题：一是产业层次整体偏低，绿色产业体系尚未完全形成；二是工业链结构布局不够完善，呈现出"一产强，二产弱，三产不足"现象；三是"山区思维"向"湾区思维"转变不足。

2. 做法与成效

（1）党建赋能产业链提升产业发展加速度

积极探索"党建+产业"。借力产业转移和建设苏区融湾先行区机遇，做大做强铜箔产业。截至 2022 年底，全区铜箔年实际产能达 9.6

万吨，约占全国产能的 10.6%。在全市率先成立首个预制菜产业党组织，积极探索"1（党支部）+1（产业村长）+N（公司、合作社、种植基地）"的客家预制菜产业发展模式，以党建赋能预制菜产业做大做强。用好"苏区+湾区"叠加政策，围绕"2+1"产业集群、新赛道新领域，开展靶向招商、以商招商、以链引商、乡情招商，引进更多项目。

（2）**提升生态"含绿量"，赢得发展"含金量"**

一是完成林分优化 2.6 万亩、森林抚育提升 2 万亩、新造林抚育 2 万亩，林业产业总产值约 34.28 亿元。二是做大做强优势产业。巩固油茶优势产能，采取龙头企业带动农户的生产模式，建成近 8000 亩优质油茶标准化种植基地。全区种植油茶 2.2 万亩，产值达 5460 万元。三是大力发展林下经济。发展林下种植、林下养殖等林下经济项目，把林下经济培育成为带动区域经济发展和农民增收的新增长点。四是谋划发展生态产业。突出生态产业化、产业生态化，出台奖补政策，推进木本粮油和林下经济与旅游、教育、文化、健康养老产业等深度融合。

梅县畲江三产融合绘新景

（3）党建引领基层治理促"百千万工程"见实效

开展村规民约试点工作，推行村民"积分制"，激发村民参与乡村治理的主人翁意识。持续加强基层党建，增强乡镇行政执行能力、为民服务能力、议事协商能力和应急管理能力。出台全面推进乡村振兴战略实绩考核办法和区镇村党组织书记抓乡村振兴责任清单，建立工作督查机制，以督促干。实施"头雁"工程，健全自治、法治、德治相结合的乡村治理新模式。

（4）精准发力"百千万工程"，全面推进乡村振兴

一是全力创建乡村振兴示范带。推进"1+N"生态宜居美丽乡村示范创建，推进丙村镇"小白沙"美丽乡村精品示范项目。二是实施金柚提质工程，打造茶叶省级现代农业产业园。推进健康养殖示范场建设。培育"三品"认证农产品157个，省"粤字号"农业品牌产品26个。发展特色镇、特色村，做优石坑奈李、石扇咸菜、大坪小龙虾等特色农业产业。发展"柚旅融合""茶旅融合"，推进松口大黄、南口侨乡2个乡村产业社区建设，打造农旅综合体。三是深入实施农村人居环境整治提升五年行动。推进农村厕所无害化改造和道路硬化工作。建成村级污水处理设施219座，全区农村生活垃圾处理率达到100%。

（二）海丰县实践

1. 基本情况

海丰县总面积1312.09平方千米，总人口约73.68万人，是著名的侨乡，海外侨胞和港澳台同胞47万人。海丰县地处广东省东南部，海岸线116千米。自然资源丰富，素有"鱼米之乡"之称，有锡精矿、钨矿、花岗岩和陶瓷黏土等。海丰县为广东历史文化名城，是全国13块红色根据地之一，堪称"红色旅游胜地，绿色度假天堂"，是历史悠久的"岭南望邑"、承载革命光辉的"东方红城"、多元包容的"文化圣地"。

自"百千万工程"实施以来，海丰县也面临着在资源、要素、产业、人才等方面尚未形成内生的循环机制等瓶颈。

2. 做法与成效

（1）做好"深度融湾"主力军

在抓县域经济上持续用力，加快平台建设、产业升级和项目建设。借力"双区"速度，以深汕合作区为主阵地，全面接轨深圳，全力融入"双区"和三大平台建设，打造"深圳—汕尾""龙岗—海丰"两个产业转移园，有序承接"双区"产业转移。

（2）做好全面深化改革主力军

弘扬"敢为人先"的海陆丰革命精神，聚焦营商环境、国资国企、乡镇体制和强县扩权等领域，破解"人往哪里去、地从哪里来、钱从哪里赚"难题。打好外贸、外资、外包、外经、外智"五外联动"组合拳。做好新时代"侨"的文章，全力实施"汕商乡贤回归工程"，推动"海丰人经济"反哺"海丰经济"。

（3）做好产业振兴主力军

坚持以实体经济为本、制造业当家，全面实施产业、平台、项目、企业、环境五大提升行动。围绕加快三大传统产业改造升级，精心布局首饰、珠宝、服装3个千亩级特色产业园，打造梅陇镇全国"千强镇""中国首饰之都"，可塘镇"中国彩宝之都"，公平镇纺织服装小镇。围绕培育三大支柱产业，依托海迪时尚美都、东鹏特饮粤东总部等龙头企业，发展大美丽、总部经济和电子信息三大百亿级产业集群，提质壮大新能源、新材料等若干战略性新兴产业。全年新增"四上"企业116家、企业5000家、市场主体3万家以上。

（4）做好乡村振兴主力军

推进"强县兴镇富村"，实施"东进、南延、西拓、北融、中优"县城扩容提质工程。推动海城、附城、城东3个中心镇组团发展，梅陇、公平、可塘3个专业镇差异发展，其余8个镇（场）差异发展，打造联安生态宜居康养小镇、赤坑现代物流小镇、梅陇农场"双区"

163

现代化粮仓。结合绿美生态建设，提速建设湖光山色、黄江走廊等 5
条示范带；做强油粘米、蔬菜、莲花山茶 3 个省级现代农业产业园，
发展乡村旅游、海洋经济、林下经济等富民兴村业态。

海丰赤坑荔枝丰收夯实"百千万工程"

（5）做好"基层善治"共建共享主力军

巩固深化"田"字形基层治理体系。推进农村集体经济"清零破
十"、软弱涣散村党组织整顿，推动"民情地图"与"善美村居"深
度融合，优化"全科网格"机制，动态完善"一村（社区）一台账、
一村（社区）一研判"，将治理"触角"延伸至基层"神经末梢"，实
现"小事不出村、大事不出镇、矛盾不上交"，打造"三三五"基层
治理体系 2.0 升级版。

（三）封开县实践

1. 基本情况

封开县是岭南土著文化的发祥地之一，位于广东省西北部，总面

积 2723.93 平方千米，素有"两广门户"之称。封开境内有丰富的森林、矿产、水资源，主要有花岗岩、大理石、石灰石、矿泉水等，其中花岗岩蕴藏量 30 亿立方米，大理石 15 亿立方米，石灰石 112 亿立方米。林业面积 20.89 万公顷，森林覆盖率 75.17%，森林活立木总蓄积量 1366.5 万立方米，被誉为"南国大花园"。

目前，封开县"百千万工程"取得较好成效，但仍存在不少问题。一是头号工程氛围不足，存在"等靠要"的思想。二是重点任务仍须抓实。在县域经济、乡村振兴、城乡融合等领域仍存在不少短板弱项。三是资金、土地和人才等要素保障仍须强化。

2. 做法与成效

（1）激活镇域经济发展活力

突出重点，抓好镇域经济发展各项工作。坚持以工业化理念、产业化思维发展现代农业，加快镇域星链式农业发展，培育壮大特色产业，引导农产品加工业向规模化、品牌化发展，延伸产业链条，提升品牌外包装形象，扎实开展县镇联合招商，探索项目运营管理机制，创新土地流转模式，吸引更多的社会资源参与发展壮大村级集体经济，为乡村振兴蓄势聚能。

（2）以高效能乡村治理助推乡村高质量发展

一是坚持大抓基层，打造党建引领乡村治理封开样板。积极创建党建引领乡村治理试点县，深化实施"头雁"工程，坚决惩治基层"微腐败"。二是坚持"五治"融合，形成共建共治共享的乡村治理格局，打造人人有责、人人尽责、人人享有的乡村治理共同体。三是坚持"三化"融合，完善网格化管理、精细化服务、信息化支撑的基层治理平台，加强村级党群服务中心建设，推广乡村治理积分制、清单制、数字化。四是坚持治理赋能，做大做强"一鸡一猪三棵树"特色产业集群，推动农业规模化、产业化、品牌化发展，扶持发展村集体经济，优化实施"新农人 101"人才培育计划，助推实现农业强、农村美、农民富。

封开县长安镇今宝村打造特色村

（3）培育壮大特色优势产业助力高质量发展

一是立足资源禀赋和特色优势，培育壮大杏花鸡、肉牛养殖等特色优势产业，推动特色产业规模化、产业化、品牌化全链条发展，做大做强现代农业产业。二是落实制造业当家"十项行动"，培育壮大绿色建材产业集群。大力实施"引凤"行动，坚持招商引资和增资扩产"双轮驱动"；大力实施"筑巢"行动，建设绿色建材产业园；大力实施"育苗"行动，支持县域市场主体高质量发展。三是加快推进县域城镇化。扎实推进城镇化建设，建强中心镇、专业镇、特色镇，不断提高城镇化水平。

（4）聚焦"两山"转化，推进绿美封开生态建设

深入实施绿美封开生态建设"六大行动"，营造全社会爱绿、植绿、护绿、兴绿新气象；深入推进污染防治攻坚，完成县城污水厂扩容提标改造，加快发展方式绿色转型。以绿色建材产业作为重要抓手，充分发挥矿产资源和西江黄金水道优势，依托华润、海螺等"链主"企业作用，立足公用综合码头建设绿色建材产业园，着力形成水泥、砂石、PC构件集聚发展、产业链条不断延伸、建材资源服务大湾区的良好态势。

（5）**突出党建引领，聚焦实施"百千万工程"**

一是打造党建主题公园，构建党建文化生活圈。将南丰镇侯村打造成"北部多镇连片乡村振兴示范带"的重要节点村之一。二是推出爱心积分超市，建立"以行动换积分、以积分换物品"运营机制，设置遵纪守法、勤劳致富等六个积分评定项目，调动群众积极性。三是实施"渔光互补"光伏示范区项目，激发乡村振兴新动力。整合优化华电集团驻镇帮镇扶村等各方力量资源，流转虾塘、鱼塘等闲置用地，探索实施"渔光互补"光伏示范区项目。

（四）连山壮族瑶族自治县实践

连山壮族瑶族自治县坚持以习近平新时代中国特色社会主义思想为指导，落实习近平总书记关于加强和改进民族工作的重要思想，团结各族群众，锚定"百千万工程"各项目标任务，以"头号力度"推动"头号工程"，共建幸福美丽新连山。

1. 基本情况

连山壮族瑶族自治县位于广东省西北部，地处粤湘桂三省（区）交界处，全县总面积1265平方千米，辖7个镇48个村委会和4个居委会，户籍人口12.48万。连山历史文化厚实，置县南朝梁天监五年（公元506年），始称广德县，至今有1518年悠久历史。1962年9月26日成立连山壮族瑶族自治县，是广东省三个民族县之一和全国唯一的壮族瑶族自治县。连山生态环境优越，属国家重点生态功能区，森林覆盖率达86.21%，居广东省第一，先后荣获"中国气候宜居县""中国天然氧吧""中国森林氧吧""国家生态文明建设示范县"等称号。

连山壮瑶文化浓郁，全县户籍人口中少数民族8.17万人，占比65.47%，其中壮族6.07万人，占比48.66%，瑶族2.06万人，占比16.52%，壮瑶汉等各民族交流交融、共同发展，2023年上半年全县地区生产总值17.99亿元，同比增长3.5%。

自省委实施"百千万工程"以来，连山县镇村三级齐抓落实，做

连山特色乡村风貌

了一系列工作，取得了一定成效，但资源要素等制约还有待破解。

2. 做法和成效

连山壮族瑶族自治县聚焦推动落实"百千万工程"，立足国家重点生态功能区、省生态发展区和全省三个民族自治县之一的定位，发挥生态环境优越、壮瑶民族文化氛围浓厚的优势，推动农业、旅游、民族文化、体育、森林康养等特色产业互融互促，切实当好"五个角色"，在深化改革、产业强县、镇域分类发展、乡村发展、绿美生态建设上持续发力，以农文旅体康融合高质量发展工作思路，全面推动"百千万工程"各项任务落地落实。

（1）当好资源激活的探索者

围绕破解资源要素制约，推进全面深化改革，切实回答了"地从哪里来、钱从哪里来、人从哪里来"的问题。积极开展"农村承包地、宅基地、农村集体经营性建设用地"三块地和"城乡闲置国有土地"的"3+1"活化改革探索，流转耕地面积43693.08亩发展特色农业，盘活宅基地177亩改建民宿、游客接待中心等发展乡村旅游，逐步盘活利用全县152亩农村集体经营性建设用地和485.23亩城乡闲置国有土地，保障发展用地；统筹整合本级对口帮扶驻镇帮镇扶村资金、少数民族发展资金、乡村振兴涉农资金、省际边界专项补助资金和债券资金，推动"百千万工程"重点任务落实，下沉金融服务支持农村产业振兴，引导金融机构用信贷产品支持农村产业发展，已实现整村授信行政村（社区）全覆盖，以乡村振兴类贷款、妇女创业贷款助力乡村产业发展、村民创业，当前全县已培育农业企业113家、农民专业合作社289家；为了解决"人才引进难、招录难、留住难"问题，连山突出柔性引才，"不求所有，但求所用"，持续开展校政企合作，与12所高等院校达成合作协议，吸引高校专家及大学生450余人到连山开展技术交流和社会实践等活动，同时，积极培育本土人才，推动人才入县下乡，设立"雁归"信息库，强化发展智力支撑。

（2）当好产业强县的力促者

坚持做强本土特色农业，大力发展"连山大米"等国家地理标志保护产品，稳步推进丝苗米、大肉姜、高山茶、油茶、柑橘水果等产业，并以标准化建设促农业规模化发展，两个丝苗米企业入选国家现代农业全产业链标准化示范基地，全省首套自主研发的黑山羊生长性能数字化测定设备及养殖场智慧化管理系统平台在连山投入使用，打造了黑山羊标准化养殖试点，广东省良种油茶种植与加工标准化试点被列为2023年广东省标准化试点项目；科学发展生态工业，加快推进生态产业园建设，推动风电、光伏、抽水蓄能等新能源产业建设与发展；推动农文旅体康融合发展，办好"一镇一节"和"文化夜市"等活动，2023年"七月香"壮家戏水暨非遗民俗文化系列活动拉动消费1.05亿元，连山启动农文旅体康全域标准化试点，属全省首批开展全域标准化试点区域。

（3）当好镇域分类发展的谋划者

对全县7个镇因镇制宜、统筹谋划，推动吉田、小三江中心镇基础设施、公共服务提能，着力培育永和、福堂两个"三地活化"特色镇，做强太保生态梯田旅游镇，做优上帅、禾洞两个革命老区镇；聚焦"七个一"美化圩镇环境，推动永和镇美丽圩镇示范样板建设，推动福堂、小三江多个镇区民族特色化改造，全县 7 镇已打造美丽乡镇入口通道 4 个、美丽示范主街 7 条、外立面改造提升房屋 227 栋、美丽圩镇客厅 1 个、绿美生态小公园 5 个、美丽河道 17.8 千米、干净整洁农贸市场 7 个；提升基础设施与公共服务水平，补齐镇域发展短板，国家基本公共卫生服务标准化连山试点项目高分通过国家考核验收，镇级综合养老服务中心覆盖 100%，建成涵盖农资配送、农村电子商务服务、穗连天河物流及冷链配送功能的县域助农服务平台，打造镇村助农服务中心 8 个，镇区产业发展水平进一步提升，永和镇（丝苗米）上榜第十二批全国"一村一品"示范镇。

（4）**当好乡村发展的补短者**

大力推进党建引领乡村治理示范创建工作，依托人大代表省际联络站优化省界共建共治，打造"红色睦邻廊道"，省界村组治理水平有效提升，省级及以上乡村治理示范镇村数量均已超过县域镇村数量 50%；抓好美丽乡村建设，全面强化村级垃圾收运、农村无害化卫生户厕、农村生活污水治理，基本建成"户收集、村集中、镇转运、县处理"的城乡生活垃圾收运处理体系，农村无害化卫生户厕普及率 100%，463 个自然村开展农村生活污水治理，治理率达 99.14%，累计创建美丽乡村 456 个；全面优化农村基础设施建设，推动"四好农村路"建设，行政村双车道覆盖率 100%，20 户以上自然村 4G 网络覆盖率及自然村网络信号覆盖率皆达到 100%，建成村级居家养老服务站 9 个。

（5）**当好绿美生态建设的植绿者**

全面加强绿美生态建设，持续巩固生态文明建设成果。认真贯彻落实绿美广东生态建设工作要求，累计建设以"珍贵树种与古树公园"为主题的绿美广东生态建设综合型示范点，成立清远市首个"林长+生态保护巡回法庭"，极大程度减少森林违法行为发生，全县森林覆盖率超过 85%，居于全省第一。

（五）连州市实践

1. 基本情况

连州市位于广东省清远市西北部，全市总面积 2668.52 平方千米，2023 年地区生产总值 188.56 亿元，同比增长 5.3%。2022 年末户籍人口 53 万人，常住人口 37.78 万人。有民族 28 个，汉族为主要民族，占总人口的 97.99%，有瑶族、壮族等少数民族，是清远乃至广东省少数民族聚居地之一，形成既多元化又具地方民族特色的传统民族文化。林地面积 19.13 万公顷，森林覆盖率 68.21%，活立木蓄积量 1195.95 万立方米，是广东省较大的再生能源基地和生物基因库之一。连州矿产资源丰富，探明的矿物种类主要有煤、铁、大理石、花岗石等 23 种，其中煤炭蕴藏量达 8000 万吨。

连州市目前也面临着在资源、产业、人才等方面尚未形成内生的循环机制等问题制约。一是示范县镇村创建支持力度不够。二是要素支撑作用不够有力。三是统筹推进生态保护和经济发展压力大等。

2. 做法与成效

（1）"六个百亿级产业"引领县域高质量发展

持续发展壮大县域经济，全力打造"六个百亿级产业"。以建滔为龙头招引覆铜板和线路板等上下游配套企业，打造百亿级电子信息产业。利用丰富的风、光、水资源，加快推进燃气发电、空气储能等项目落地，打造百亿级新能源产业。大力发展长寿水、富硒米、甜菜心等高端食品药品企业，打造百亿级食品药品产业。依托丰富的"两矿"资源，规范整治全市矿产行业，引进食品级、纳米级非金属矿加工龙头企业，打造百亿级高端精细矿业。推动皮革上下游企业加快落地投产，完善皮革产业链条，打造百亿级高端皮革研发制造业。加快推动文旅融合发展，升级优化连州地下河 5A 级景区，打造百亿级文化旅游产业。

（2）共同富裕试点，强化乡镇联城带村

推进"一村一品、一镇一业"和省级农业产业园建设，形成一批农民增收效果显著的专业村镇。抓好连州菜心"12221"市场体系建设，引入富瑭集团，投资1.3亿元建设农旅融合乡村振兴多功能现代产业园。大力推进电子商务进农村综合示范镇村建设，开展圩镇人居环境品质提升行动，加快完成12个镇（乡）美丽圩镇建设任务。建强中心镇、专业镇、特色镇，发展壮大中心镇，打造一批"十亿元镇"。

（3）资源向农村倾斜，补齐短板增强幸福感

加强县域基础设施建设、推动教育服务实现优质均衡、深化紧密型县域医共体建设等，补齐县域基础设施短板。推进城区扩容提质，打造粤湘桂省际边界的区域中心城市、经济文化中心；统筹优化全市教育资源，建设广州六中连州实验学校；提高县域医疗卫生水平，打造县域区域医疗中心。盘活农村有限资源，提升农村集体收入。打破城乡要素流动壁垒，推动人才、技术、资本等更多资源向农村倾斜。发挥旅游资源、水资源、矿产资源、文化资源等优势，完善联农带农体制。

（4）立足北部生态发展区，树牢"绿水青山就是金山银山"理念

依托"民族、生态、红色"资源优势，统筹做好发展规划，推进有特色、有亮点的产业项目，形成区域特色。推进百亿级新能源产业，打造粤北生态发展排头兵，引进新能源项目4个，投资额14.72亿元；做好天湖（潭岭）抽水蓄能等项目前期工作，推进10个大型新能源项目建设，总装机容量约922兆瓦。打造"花果经济生态长廊"，连州"花果经济"产值超20亿元。

（六）饶平县实践

1. 基本情况

饶平县位于广东省"东大门"，全县总面积2227平方千米，其中陆域1694平方千米，是粤东三市陆域面积最大的县（区）；海域面积533平方千米，海岛岸线长136千米。全县森林覆盖率达63.81%；全

连州市"六聚焦六到位"引领青年人才力量赋能"百千万工程"

县辖 21 个镇，396 个行政村（社区）。2023 年，全县地区生产总值
361.49 亿元，增长 4.9%，增速连续 5 年位居潮州市各县（区）第一；
先后获得"国家县城新型城镇化建设示范县""全国首批农业对外开
放合作试验区""全国渔业百强县""中国岭头单丛茶之乡""中国海
鲩之乡""中国盐焗鸡之乡""国家县域商业建设行动示范县"等多张
国家级名片。

2. 做法与成效

坚持强县富民理念，高站位谋划推进"百千万工程"，把握"县
为主体和镇村为主战场、重点任务和面上统筹、攻坚突破和久久为功、
经济发展和生态保护"四个关系，注重"县、镇、村"三个层面，强
化"政策、用地、资金、人才"四个保障，突出念好"山海经"、做
强"土特产"，全力书写"强县""旺镇""兴村""富民""绿美"五
篇文章，成功入选省"百千万工程"首批 22 个典型县（市、区）
名单。

（1）深入实施强县行动，县城承载力不断增强

坚持"工业入园"鲜明导向和"产业集聚"发展定位，"一园一

策"特色化、差异化打造总面积 3960 公顷的"八大产业园区"，引导企业项目入园发展，杜绝低效工业发展模式。2023 年，总产值约 604.04 亿元的 63 家企业已入驻"八大产业园区"，百亿元级益海嘉里潮州粮油生产销售基地项目全面投产。聚焦"一城一廊一海湾"饶平发展新格局，着力打造现代化凤江新城，借助"国家县城新型城镇化建设示范县"效应，优先开发凤江新城北片区，用好专项债资金，加快建设总投资 32.66 亿元的国家县城新型城镇化补短板强弱项项目，借助引入暨南大学附属第一医院全面托管饶平县人民医院及入选"广东省基础教育高质量发展实验区"契机，提升医疗教育保障水平，打造文教康旅商住现代化新城；依托漳汕高铁饶平南站，将饶平南站周边的凤江新城南片区打造为港铁联通、产城联动的滨海高铁新城。

（2）深入实施旺镇行动，美丽圩镇干净整洁有序

县域 21 个镇坚持"一镇一策"差异化协同发展，全力打造 1 个城区镇、3 个中心镇、9 个专业镇、8 个特色镇，推动浮滨镇（茶）入选全国"一村一品"示范镇，洪洲镇（大蚝）、钱东镇（鸡）入选首批国家农业产业强镇。全域铺开美丽圩镇示范创建行动，坚持以"拆、建、管"思路推进美丽圩镇"七个一"项目建设。申报国家卫生县并通过省验收，2023 年初 11 个镇通过省卫生乡镇评估，2023 年全县 21 个镇全部获评"广东省卫生乡镇"；累计创建 12 个达到"示范圩镇标准"的美丽圩镇，数量占全市近一半。

（3）深入实施兴村行动，和美乡村更加宜居宜业

深化乡村建设，抓好农村厕所、垃圾处理和生活污水"三大革命"，截至 2023 年 12 月全县所有行政村（含涉农社区）均达到干净整洁村标准，其中 274 个村达到美丽宜居村标准，57 个村达到特色精品村标准，数量均占全市总数近一半；上饶镇永善村、饶洋镇蓝屋村入选中国传统村落名录；联饶镇下饶村入选全国乡村治理示范村名单；三饶镇溪西村等 4 个村（社区）获评广东省民主法治示范村（社区）。

（4）深入实施富民行动，五项富民特色产业蓬勃发展

结合饶平县山海自然禀赋优势，谋划实施现代化海洋牧场海水种业、网箱养殖、陆基中高密度海水温棚养殖、规模化蛋鸡养殖和林业经济高质量发展等五项富民特色产业，潮州饶平花鲈鱼种苗培育填补省内空白，被写入今年省政府工作报告；加强型重力式深水网箱已投放鱼苗养殖166口，成为2023年全省下水投产数量最多的县；洑洲宇祥陆基中高密度养殖示范点比传统池塘增产4~6倍；无穷蛋鸡现代化养殖基地（二期）项目和6个镇级鹌鹑蛋养殖示范点加快建设；在全市率先与碳汇企业合作开发碳汇资源60万亩，广东饶平单丛茶文化系统被农业农村部认定为中国重要农业文化遗产。

（5）深入实施绿美行动，绿色生态建设取得显著成效

深入实施绿美饶平生态建设"六大行动"，打造柘林镇风吹岭等各级森林示范点，大力发动社会力量参与绿化建设，聚焦道路、学校、医院、加油站，重点抓好行道树种植，建饶镇成为粤东地区唯一入选"2023年广东省森林城镇"的镇。加强生物多样性保护，发布全省第一份《野生动物保护令》，严厉打击乱捕乱猎等违法行为，紫水鸡、白骨顶鸡、栗喉蜂虎等珍稀动物频频现身饶平。深入推进黄冈河和近岸海域综合治理，黄冈河凤江桥国考断面水质自2014年以来保持稳定达标；全市河长制考核成绩连续2年位居全市各县（区）首位。

聚力"百千万"，饶平谱写产业振兴"山海经"

思考题：

1. 老区苏区、民族地区和省际边界地区县域如何发挥自身优势推进"百千万工程"？

2. 老区苏区、民族地区和省际边界地区县域激发内生发展动力存在哪些难点？

下 篇

经验借鉴

第十二章　浙江强村富民乡村集成改革经验

　　"千万工程"是"绿水青山就是金山银山"理念在基层农村的成功实践。2003年，时任浙江省委书记的习近平同志在浙江工作期间亲自谋划、亲自部署、亲自推动，启动实施"千万工程"。20年来，浙江历届省委、省政府久久为功，持续深化"千万工程"。在新形势下，浙江全面深化以新型农村集体经济为核心的强村富民乡村集成改革，着力打造"千万工程"升级版，宜居宜业和美乡村建设取得了巨大成功。

一、基本背景

　　浙江省，简称"浙"，地处中国东南沿海长江三角洲南翼，总面积10.55万平方千米。目前，浙江省辖11个地级市、37个市辖区、20个县级市、33个县（含1个自治县）。浙江是吴越文化、江南文化的发源地，被称为"丝绸之府""鱼米之乡"。2023年，浙江实现地区生产总值82553亿元，比上年增长6.0%。三次产业结构为2.8∶41.1∶56.1，人均地区生产总值为125043元，比上年增长5.3%，达到中上等发达国家和地区水平，城镇居民人均可支配收入、农村居民人均可支配收入连续多年居省（区）第1位，是唯一所有设区市居民收入都超过全国平均水平的省份。党的十八大以来，以习近平同志为核心的党中央深刻把握发展阶段新变化，把逐步实现全体人民共同富裕摆在更加重要的位置，采取有力措施保障和改善民生，打赢脱贫攻坚战，全面建

浙江省杭州城市古韵风光

成小康社会，为促进共同富裕创造了良好条件。2020 年 10 月，党的十九届五中全会明确提出了"全体人民共同富裕取得更为明显的实质性进展"的目标。2021 年 1 月，习近平总书记在中共中央政治局第二十七次集体学习时强调，"进入新发展阶段，完整、准确、全面贯彻新发展理念，必须更加注重共同富裕问题"。2021 年 6 月，中共中央、国务院发布《中共中央　国务院关于支持浙江高质量发展建设共同富裕示范区的意见》，赋予了浙江重要示范改革任务，浙江先行先试、作出示范，为全国推动共同富裕提供省域范例。

发展新型农村集体经济是新形势下缩小城乡发展差距、促进共同富裕的有效途径。习近平总书记指出，"要把好乡村振兴战略的政治方向，坚持农村土地集体所有制性质，发展新型集体经济，走共同富裕道路"。2023 年 4 月，他在广东考察调研时进一步强调，"要积极推进以县城为重要载体的新型城镇化建设，加快构建现代乡村产业体系，发展新型农村集体经济，深入实施乡村建设行动，促进共同富裕"。新型农村集体经济构建了产权关系明晰、治理架构科学、经营方式稳健、收益分配合理的运行机制，通过资源发包、物业出租、居间服务、资产参股等多样化途径，有效盘活集体沉睡的资产，可以有效增加农民收入。

在此背景下，浙江省委、省政府及时作出了浙江省"三农"工作进入农业农村同步实现现代化先行和农民农村同步实现共同富裕先行新阶段的科学判断，以集成改革的方法，聚焦"富民、强村"，统筹项目、政策、要素合力，以乡村产业振兴为基础，以农民就业创业为优先，以农村产权激活为突破，协同优化生产关系和发展生产力，系统推进强村富民乡村集成改革。

二、主要做法

（一）实施"市场化改革+集体经营"组合拳

基本思路是持续深化集体经济经营机制市场化改革，推动集体产权制度和公司治理结构有机融合，实现更好经营增值。主要做法包括创新推进村庄经营，探索建立农村集体产权制度和现代法人治理结构，创新农民权益实现机制，有效保障农民财产权益；探索建立符合市场经济要求的集体经济运行机制，提高农村集体经济组织运行效率；全面推广"强村公司""飞地抱团""片区组团"等模式，积极探索符合当地实际的集体经济市场化运营路径；健全农村产权流转交易体系，注重市场的价格发现功能，进一步盘活农村资产。

（二）实施"标准地改革+农业'双强'"组合拳

基本思路是以标准地改革为引领，以农业"双强"为驱动，优化农业生产力布局，加大高质量农业项目招商引资力度，全面提升农业综合生产能力和农民经营效益。所谓"标准地"，就是符合国土空间规划和现代农业产业发展规划，满足相关控制性指标要求，在土地流转基础上用来招引项目发展现代农业的耕地。主要做法包括推进农业标准地改革，自然融入科技、机械、农艺等因素，集聚先进要素，扩大有效投资；实行土地经营权流转经营权证制度和流转风险保障金制度，促进土地规范连片有序流转；推进"百链千亿"行动和"一品一标"融合发展，强化品牌建设，做好强链延链补链工作，把更多利益留给农民；实施农业"双强"赋能，重点推进种业振兴和农业机械化，全面提升土地产出率和农业综合生产能力。

（三）实施"宅基地改革+乡村建设"组合拳

基本思路是统筹推动一户多宅清理、闲置农房和宅基地激活、村集体建设用地盘活，片区化推动乡村建设多规合一、乡村风貌管控提升和乡村新业态多元化发展。主要做法包括统筹推进乡村建设与乡村经营，加快发展"十业万亿"乡村产业；深化"1+5"农村宅基地制度改革国家试点（即绍兴市、象山县、龙港市、德清县、义乌市、江山市），推进闲置农房和闲置宅基地盘活，吸引工商资本导入新产业新业态，加速增加农民财产性收入；深化"千万工程"，编制多规合一实用性村庄规划，加快未来乡村建设，打造共同富裕的现代化基本单元。

（四）实施"数字化改革+强村富民"组合拳

基本思路是完善数字化应用场景，以数字赋能新型农村集体经济发展，提质强村富民行动。主要做法包括迭代升级"浙农经管"数字化应用，推进集体经济管理数字化，对接基层公权力监督平台，助推农村集体资产实时监管和保值增值，健全集体资产所有权的农户分配机制；迭代升级"乡村大脑+浙农系列场景应用"体系架构和"产业大脑农业分区+未来农场"发展模式，加快农业农村领域核心业务和重大任务流程再造、制度重塑，推动数字技术与农业产业融合发展；不断完善"农房盘活""灵活就业""农业保险""浙农帮扶"等应用，加快建立省市县贯通的帮农促富治理和服务体系。

《关于促进强村公司健康发展的指导意见（试行）》①

2023 年 6 月，浙江省农业农村厅、国家税务总局、浙江省税务局等 10 部门出台《关于促进强村公司健康发展的指导意见（试行）》，自 2023 年 7 月 25 日起施行。该意见要求以增强村集体经济造血功能为目标，以市场化经营为导向，积极培育强村公司，规范公司运行机制，增强发展安全性、稳定性，持续提升强村公司联村带农致富能力，推动新型农村集体经济发展和强村富民不断取得新成效。该意见指出，现阶段强村公司一般由乡镇级及以上政府主导设立，聚焦共同富裕和"扩中""提低"，鼓励吸纳集体经济相对薄弱村和低收入农户参股，主要有资产经营型、社会服务型、订单生产型和工程承揽型等四种发展模式。未来，浙江省将加快构建健康有序、规范高效的运行体系，构建全链闭环、精准严实的监管体系和构建综合集成、直达快享的支持体系，强化强村公司发展的组织领导、明确职责分工和完善容错制度等组织保障。

三、实施成效

浙江强村富民乡村集成改革有效破解了体制机制障碍，通过对资本、土地、劳动、数据等要素进行统筹配置，优化乡村人、地、业空间布局，实现资源集中、人口集聚和产业集群，放大乘数效应，极大释放了农业农村发展活力，有力促进了城乡区域协调发展。截至 2022 年底，浙江省共成立了 2278 家"强村公司"，入股行政村达 11280 个，实现总利润 21.7 亿元，村均分配收益 15.4 万元，实施"飞地抱团"项目 1055 个，村级集体经济年回报 19.62 亿元，村均 15.38 万元，全

---

① 《浙江省农业农村厅等 10 部门关于促进强村公司健康发展的指导意见（试行）》，浙江省人民政府门户网站 2023 年 6 月 10 日。

省农民收入呈现农村居民收入增幅快于城镇居民、低收入农户和山区26个县的农民收入增幅快于全省农民的"三个快于"良好态势，推动"强村"与"富民"相协同、"城乡"与"区域"共富裕。2022年，浙江农村居民人均可支配收入为37565元，城乡居民收入比缩小到1.90，全省村级集体经济总收入超过760亿元，全面消除集体经济年收入20万以下、经营性收入10万以下的行政村，集体经济收入30万以上且经营性收入15万元以上的行政村占比85%以上，经营性收入50万元以上村占比51.2%①。反观广东，2022年农村居民人均可支配收入仅为23598元，比浙江低了近14000元，城乡居民收入比2.41，比浙江高出了0.51，且2022年有66.59%的村当年无收益或者村集体经营收益在10万以下，集体经济收益在10万元以上的村仅占33.41%。②由此可见，广东农村集体经济发展已严重落后于浙江省。

四、经验启示

浙江强村富民乡村集成改革经验表明：一是乡村振兴是一项非常复杂的系统性工程，打通乡村发展的堵点、难点和痛点，必须强化政策顶层设计和系统集成，深化改革的整体性、系统性和协同性，统筹好县的优势、镇的特点、村的资源，才能形成协同高效的改革"组合拳"；二是发展新型集体经济是新时期更好发挥集体"统"的功能，全面实现小农户与现代农业发展的有效衔接，增进农民福祉和发展农村事业的重要保证，是撬动乡村振兴的重要杠杆；三是在市场经济条件下发展新型集体经济，必须打破传统封闭型社区的经济模式，超越村级形态的集体所有制的生产力束缚，构建开放型、包容性、市场化

---

① 方问禹、黄筱、郑梦雨、许舜达：《十组数据解码浙江"千村示范、万村整治"工程二十年》，《新华每日电讯》2023年4月13日。

② 广东省统计局、国家统计局广东调查总队：《2022年广东省国民经济和社会发展统计公报》，《南方日报》2023年3月31日。

的运行机制，推动跨村域的资源整合利用与优化配置；四是发展新型集体经济关键是必须继续把住处理好农民和土地关系这条主线，深化确权、赋能、活权改革，激活农村"沉睡"的庞大土地资产，增加农村资源转化为资产资本的有效途径和能力，不断优化农村土地资源配置，才能筑牢新时期农民共同富裕的基石。

基于此，以发展壮大新型农村集体经济为小切口，顺应人口就地就近城镇化趋势，在县域内统筹要素资源配置和生产力布局，切实发挥规模经济效益，加快乡村产业高质量发展，才有助于推动"百千万工程"全面推进。

（一）组建强县富民公司，作为新型农村集体经济的运行平台，加快集体经济抱团发展

首先，发挥财政投入引领作用，建议县级政府整合中央、省、市财政扶持资金，以市场化方式设立岭南强县富民产业发展基金，撬动金融、企业和社会力量共同参与，同时划转部分涉农国有企业部分优质资产，支持强县富民公司发展；其次，鼓励集体经济组织（尤其是集体经济薄弱村）和农户以土地（或者土地指标）、资金、技术和劳动力等要素入股，并视情况相机引入符合条件的行业龙头企业，鼓励社会资本参股共建共享，探索建立"集体资源+村民资产+社会资本+国有资本"融合经营机制；最后，在不侵占永久基本农田和生态保护红线前提下，全面推进县域建设用地"总量控制+弹性布局"的规划管控，从而打破行政界限和资源要素流动壁垒，推动各村要素资源抱团向中心镇、县城等优势地区腾挪集聚，最大化发挥价值创造作用。

（二）利用"反向飞地"模式有序承接产业转移

首先，加快推进以县城为重要载体的新型城镇化建设，全面提高人口和产业的承载能力。优化县域城镇体系布局，全面实施强县富镇兴村补短板行动，推进县城、中心镇、专业镇、特色镇等发展提质增

效，围绕优化农业产业结构和完善区域产业配套，加快推进现代农业产业园、产业转移工业园等载体平台建设。其次，充分利用珠三角地区人才与创新优势，粤东粤西粤北地区的强县富民公司主动在广州、深圳、珠海等城市反向设立飞地园区或者楼宇经济总部，通过"以税抵租"模式，即企业可以免费入驻飞地园区，但须将注册地和税收留在飞出地等优惠政策措施，引进创新资源和要素，实现"逆向孵化"和"逆向创新"。最后，将创新产品回流到粤东粤西粤北地区的产业开发园区进行低成本的生产制造，为农民创造更多的就地就近就业机会。这一模式既消化了珠三角地区空置的存量楼宇资源，也通过回流生产，带动粤东粤西粤北地区产业发展和农民就近就业。

（三）守牢粮食安全底线，以高标准农田建设为契机，设定农地准入标准，加快农业高质量发展

首先，以提高粮食产能、耕地质量和绿色发展水平为导向，加大人口流出地区全域土地综合整治力度，加快高标准农田建设，优化农业生产力布局。其次，分类设定亩均带动农户、劳动力、投资、农技推广、绿色发展、产出水平等准入标准，加大高质量农业项目投资招引力度，让好的农地向专业大户、家庭农场、农民合作社和农业企业等更优质的规模经营主体集中，全面提升农业规模集约经营程度。最后，强县富民公司可以收储部分高标准农田，用于现代化农业产业园建设，以点带面，加快农业科技示范推广和乡村振兴示范带建设，带动农民增收致富。

（四）以"集约节约利用"为导向，探索多样化的宅基地有偿退出机制，逐步推动乡村人口、产业和资源要素向圩镇、县城等适度集中

首先，优化县域村庄规划，推动村庄适度合理归并，提高村庄建

筑密度，改变村庄建设零乱、散、差局面，促进农民居住水平和生活质量逐步提升。其次，实施"以房等人"行动，加快圩镇、县城等安置小区建设，多渠道解决房源问题，探索带安置方案用地出让模式，要求国有出让土地商品房项目或者城市更新项目配建一定比例的房屋作为安置房源。再次，探索"货币腾退""房屋置换""以地养老""入股分红"等多样化的宅基地退出模式和补偿政策。利用土地复垦指标交易收益，在不增加或者少增加财政负担情况下，置换城镇房屋或者养老服务。其次，借鉴绍兴经验，探索宅基地资格权在县域范围内有偿选位，异地实现。鼓励圩镇、县城等优势区域的村集体在保障村内农户居住前提下，将剩余宅基地进行拍卖，由县域内享有宅基地资格权的农户参与竞拍。为落实"一户一宅"原则，竞得人将户籍所在地的宅基地无偿归还村集体。最后，对于有开发价值的老房屋和古村落，鼓励村集体或强县富民公司进行集中收储，通过"政府引导+社会资本参与+村集体经济入股+企业运营"等多种方式，增加村集体经济收入。

（五）实施数字赋能集体经济行动，推动乡村治理能力的质量变革、效率变革、动力变革，加快强县富民步伐

首先，加快打造省市县乡村户六级一体贯通的集体经济数字应用系统，实现村社数据一应俱全、资金运行一键审批、资产经营一指激活、阳光公开一览无余。其次，加快农业数字化转型，以提升县域农业全产业链数字化水平为抓手，通过农业大数据平台、数字农业园区、农机装备数字化转型和农产品电子商务等平台，加快一二三产业深度融合，带动农民增收致富。再次，按照"互联网+基础模块标准化+特色模块地方化"的模式，建立农村产权供需服务数字平台，统一交易规则，为产权交易提供权威的供求信息验证与披露、交易撮合、在线签约备案、产权变更登记与资金结算、优惠政策兑现等服务，整合开展资产评估、抵押融资和法律咨询等业务。最后，实施"数字帮扶行

动"，推动数字资源进一步下沉，进一步缩小城乡区域数字发展水平之间的差距。比如鼓励村集体经济组织与联通公司、移动公司等央企合作联建联营，通过 BTO（即建设—转让—经营）的投资方式，让村集体成为宽带虚拟运营商，解决劳动力就业问题，共享发展红利。

思考题：

1. 广东发展新型农村集体经济面临的体制机制障碍有哪些？

2. 如何构建广东新型农村集体经济发展的开放型、包容性、市场化运行机制？

第十三章　河北正定县域经济发展经验

县域连接城乡，是统筹新型城镇化建设与乡村振兴的战略支点，是解决城乡发展不平衡问题的重要切入点和关键环节。2022年12月，习近平总书记在中央农村工作会议上提出"率先在县域内破除城乡二元结构"的要求。习近平总书记在正定县工作期间带领广大干部群众精准定位、科学谋划、多措并举发展县域经济，使正定县赶上改革开放的时代大潮，经济社会发展取得重大成绩。党的十八大以来，正定县按照"沿着光辉足迹，建设现代化正定，争当全省县域高质量发展排头兵"的发展思路，持续加快推进城乡融合，不断满足人民对美好生活的需要，谱写了县域高质量发展新篇章。

一、基本背景

正定县地处太行山东麓，位于河北省西南部、华北平原中部的冀中平原，隶属河北省石家庄市。正定历史源远流长，有1600多年的建城史，是国家历史文化名城。正定县（正定新区）下辖8个乡镇、2个街道办事处、154个行政村，面积487.2平方千米，截至2022年末，全县常住人口55.2万。2022年，正定县地区生产总值为338.37亿元，同比增长8%；固定资产投资额为219.66亿元，同比增长10.4%；城镇和农村居民人均可支配收入分别为41089元和25578元，同比分别增长5%和6.8%；三次产业比重为11.6∶25.9∶62.8。目前，正定县境内有正定国际机场，高铁、动车开通运营，京珠、京昆、石黄高速公

正定县古城门（图片来源：正定县人民政府网）

路贯通辖内，交通较为发达。

正定县是习近平总书记从政起步的地方，是习近平新时代中国特色社会主义思想的发源地、实践地、启航地。总书记在正定工作期间，倾注了极大心血和深厚情感，他立足长远，为正定确定"半城郊型"经济、"旅游兴县"、"工业兴县"、"科技兴县"等发展路子。此后，他又六次视察正定。近年来，正定县按照"沿着光辉足迹，建设现代化正定，争当全省县域高质量发展排头兵"的发展思路，从实施古城保护、盘活文旅资源，到推进基础设施建设、提升城区面貌，再到优化营商环境、全力招商引资，奋力谱写县域高质量发展新篇章，今日的正定县，已从昔日的"高产穷县"发展成为全省经济实力十强县。

典型案例：正定县的"半城郊型"经济

在正定县工作期间，习近平总书记在广泛调研的基础上，根据正定正好处在省会石家庄市和广大农村之间的区位特点，提出正定应该走"半城郊型"经济的发展路子。所谓"半城郊型"经济，是指它既有"城郊型"经济依托于城市、商品经济生产比较发达、城乡联系比较密切、工农结合比较紧密的某些特点，又具有一般农村经济的某些特点，是两类经济结合的中间型经济，其目的就是增强城乡联动，实现优势互补，促进城乡共同发展。

发展"半城郊型"经济，一是可以靠城市吃城市，大上工副业。二是立足农村，依托城市，拓展农村发展思路。三是可以延长农业产业链，加强三大产业融合。四是可以始终坚持市场化改革取向。按照"半城郊型"经济发展的"二十字经"，正定"投其所好，供其所需，取其所长，补其所短，应其所变"，不断优化与城市相补的现代化农业产业、文化旅游、会展经济及物流服务等各项产业结构，扎实推动城乡融合、三产协调，推进县域经济高质量发展。

二、主要做法

（一）夯实基础：推动传统产业转型升级

为推动传统产业"涅槃重生"，正定多措并举，高质量推进传统产业转型升级。一是推进传统产业数字化、智能化、绿色化转型升级。正定充分发挥数字经济智能产业创新研究院"智囊"作用，"一企一策"制定数字化、智能化转型升级路线图，全面推进正定传统产业向数智化升级。二是推动产业价值链向中高端延伸。近年来，正定县重点围绕农业机械、模具制造、纺织机械、环保设备等专用设备制造业和机床、阀门、轴承、紧固件等通用设备制造业提升产品质量，吸引各类先进创新资源要素集聚，实现原材料、加工、检测、设计、研发等环节的全产业链布局。三是重铸传统产业金字品牌。正定县与河北省质检院签订战略合作协议，在正定县现代智能家居产业园建设国家级家具质量检验检测中心，为正定县板材家具产品体系搭建、技术进步创新、产业转型升级提供技术指导，有效推动区域品牌影响力提升。

（二）壮大支柱：提升主导产业竞争力

近年来，正定县瞄准数字经济、高端装备制造、生物医药、现代商贸物流和总部经济"4+1"主导产业，按照产业发展需求，着力构建"园区载体+公共平台+资本加速"三大支撑体系。其中，在园区建设方面，正定县根据《石家庄市数字经济发展规划（2020—2025）》，聚焦电子信息、能源环保、人工智能、医疗器械等产业全力打造正定数字经济产业园，积极营造集低密度、新生态研发生产办公总部为一体的数字产业化集群，着力构建起"数字经济+实体经济+科技创新"三产联动的产业经济生态圈。在公共平台构建方面，正定县高度重视创新平台建设，积极扶植各类科创平台，截至 2023 年 6 月，正定县拥有各类创新平台 50 家，其中，国家企业技术中心 1 家，国家地方联合工程实验室 1 家，省级工程实验室 4 家、企业技术中心 9 家、技术创新中心 11 家、企业重点实验室 1 家。在资本支持上，正定设立了数字经济产业发展基金、主导产业专项资金，对符合条件的重大项目，采取"基金+资金"方式给予支持，并给予最高补助 1 亿元的支持，对获得国家和省产业化专项资金支持项目，按照国家和省支持资金给予 30% 扶持。

（三）提升动力：构建创新发展新高地

科技创新是塑造发展新动能新优势的重要引擎。2023 年 3 月 5 日习近平总书记在参加十四届全国人大一次会议江苏代表团审议时指出，"在激烈的国际竞争中，我们要开辟发展新领域新赛道、塑造发展新动能新优势，从根本上说，还是要依靠科技创新"。[①] 近年来，正定县瞄准以大数据、云计算、物联网、人工智能等为代表的信息技术，努力攻克一批关键核心技术，培育壮大一批创新型企业，提升产学研用一体化水平，推动创新链、产业链、资金链、人才链深度融合，提升市

① 《牢牢把握高质量发展这个首要任务》，《人民日报》2023 年 3 月 6 日。

场竞争力。积极指导企业加强研发平台建设，大力实施科技企业培育工程，建立逐级培育体系，依据产业需求和市场导向，开展科技型企业"小升高"计划，着力挖掘一批科技型中小企业，扶持壮大一批国家科技型中小企业，打造一批高新技术企业。截至 2022 年底，全县已拥有高新技术企业 96 家、科技型中小企业 758 家、专精特新中小企业 28 家，其中，国家级专精特新"小巨人"企业 4 家。同年，正定县顺利通过了国家级创新型县验收，正定县产业创新发展新高地正在加速形成。

（四）激发活力：营造优质营商环境

秉持"来到正定一切都好办，投资正定肯定大发展"的宗旨，正定县用"妈妈式"服务理念不断创新服务方式、提高服务质量、提升服务效能，为企业发展搭建平台，为项目落地建设排忧解难。2021 年起，正定县推行县级领导包联责任制，实行一个重点项目、一名县级领导、一个服务班子、一套精准方案的分包机制，从项目的签约、审批、征地、建设到投产达效，政府全程提供精准、体贴服务，主动问计企业，各审批部门相互协调，通过并联审批、帮办代办等措施，加速办理各项审批手续，力促项目早落地、早建设。2019 年底，正定县开展效能革命，坚持办事"只进一扇门、最多跑一次"，对每一个入园项目明确项目专员，全程帮办各类手续，协调解决项目推进中的困难和问题。2023 年 7 月，正定县再次出台了"秒批秒办、先建后验、政策找人、免申即享"等 10 余项改革措施，在省内开了"签约即落地"的先河，同时优化实施"限时办结"和"一门受理、一次收费、一站式审批"的一条龙运行机制，有效优化了民企的发展环境。

（五）挖掘潜力：探索融合发展新路子

正定县贯彻新发展理念，因地制宜推进产业融合、古今融合、产城融合，积极探索融合发展新思路，助力县域经济转型升级。一是发展"半城郊型"经济，以产业融合助推乡村振兴。2019 年以来，以塔元庄村为代表的正定县乡村利用集体建设用地及闲置资产使用权出资入股，企业引进专业的团队和管理经验，双方共建萌宠乐园、四季采摘、家庭农场等"乡村+旅游"的新板块，推动一二三产业深度融合发展，为践行乡村振兴开创了新模式。二是挖掘历史文化资源，推进古今融合发展。近几年来，以荣国府为代表的正定县历史文化景区加快发展，不断丰富旅游产品，提升旅游服务水平，使得正定县的旅游业加快发展，并逐步成为正定县支柱产业，千年古郡迸发出新的活力。三是打造数字经济新名片，推进产城融合发展。为利用好中国国际数字经济博览会平台，实现以会促产、以产兴城，正定规划建设数字经济产业园。当前，以联东U谷、均和云谷为代表的专业"园中园"，以常山北明、讯网科技为代表的云计算中心，以及京东智能电商、宜农科技总部等不同类型数字经济企业聚集正定县，初步形成数字经济先导效应。

（六）汇聚要素：打造开放合作的产业平台

正定县依托河北自贸试验区正定片区积极打造开放合作的产业平台，深度融入国际产能合作。河北自贸试验区正定片区规划面积33.29平方千米，拥有综合保税区、正定高新区、正定国际机场等重要功能区，区位便利、基础优越、发展空间广阔，有着打好产业基础高级化、产业链现代化攻坚战的先决条件。按照《中国（河北）自由贸易试验区总体方案》要求，正定片区将重点发展临空产业、生物医药、国际物流、高端装备制造等产业，建设航空产业开放发展集聚区、生物医药产业开放创新引领区、综合物流枢纽。正定片区挂牌以来，围绕打造特色鲜明的全国一流自贸试验区，以制度创新为引领，坚持"项目为王"理念，将招商选资作为"一号工程"，大项目、小项目两手抓，动态梳理各行业、各领域领军企业和产业链上下游重点企业名单，持续优化招商方式，加紧推进项目签约，积极跟进项目落地，力促招商选资有质量、上水平，持续增强发展后劲，在全区上下营造了"比学赶超"抓招商、上项目的浓厚氛围。

中国（河北）自由贸易试验区正定片区（图片来源：正定县人民政府网）

（七）强化支撑：加强人才队伍建设

正定县把人才建设作为基础性工程，大力引才聚智，提供全面服务，提供创业舞台，营造高品质的人才生活和发展环境，让人才实现人生价值，全力打造人才集聚新高地。当地明确，凡是引进到正定县工作持人才绿卡的人员，不仅可享受教育、医疗、户籍办理等优惠政策，还可享受房租补贴和人才公寓保障。同时，正定县支持县域内企业在海内外人才技术聚集、科技创新资源丰富的地区设立或注册成立（含控股）"人才飞地"，重点建设研发中心、研究院、实验室、技术平台等科研机构，其全职聘用的各类人才的研发成果在县域内企业转化落地，产生良好经济效益归本地，对该企业上一年度享受优惠的实际研发投入新增部分，在享受上级财政补助的基础上，县财政再按一定比例发放额外补助；对其全职聘用的人才，享受人才政策"漫游"，视同在正定工作，符合条件的，可申领县人才绿卡，申报县级人才项目，并享受相关待遇。正定县贴心周到的人才管理服务，让人才在这里找到了家的感觉。

三、实施成效

正定县始终把发展作为第一要务，坚持系统思维，统筹谋划推进，奋勇争当全省县域高质量发展排头兵。近年来，正定县把发展实体经济作为着力点，坚持创新驱动发展，在推动产业转型升级、园区功能提升、制度改革创新、城乡品质提升和营商环境建设等方面不断迈出坚实步伐，近年来，正定已先后荣获全国投资潜力百强县、全国首批创新型县、全国文明县城等多项荣誉称号。在产业转型升级方面，正定县坚持把做强做大做优实体经济作为着力点，2022年，第二产业对GDP贡献率较上年同期提高52.1%，拉动作用显著增强。新引进数字经济、高端装备制造、生物医药、现代商贸物流和总部经济"4+1"项目占比达53.8%，规上高新技术产业增加值增长13.2%，传统板材家具产业数字化、智能化、绿色化转型迈出实质性步伐。在园区功能提升方面，正定高新区承载着文化、体育、教育、医疗、现代服务业、金融、会展、科技创新的集聚功能，2022年成功迈入千亿级园区，园内路网管网基础设施、创新中心等加快建设，数字经济产业园建设提速提效，主干道路铺设全力推进，园区坚持抓招商、上项目、促发展，同福集团总部、一汽新能源商用车全国运营中心、数字经济产业基地等一批大项目、好项目先后落户，常山北明云数据中心、讯网科技、玥云数字产业园等项目陆续建成。

在改革创新方面，深化重点领域改革，推出"秒批秒办"审批模式10项措施，对企业投资类项目推行"函证结合+承诺制""四证齐发"改革，全县开启"交地即交证、交房即交证"不动产登记服务新模式，被评为全市"十佳改革创新经验"。在提升城乡面貌方面，2022年正定县活化利用24项古城保护工程，成功创建第二批省级文化和旅游标准化示范地区，实施40项城市更新重点项目，改造提升55个老旧小区和129条小街小巷，改造老旧供热管网3.7千米，10条普通小路变身精品街道，成功创建省级美丽乡村达72个。在营商环境建设方面，持续推进简政放权，政务服务系统营商环境考核全市第一，深入践行"妈妈式"服务，开展"包企业、查实情、解难题、送温暖"活动，开展营商环境专项治理，企业家对正定好评如潮。推行"政策找人""免申即享"，在全省率先完成政务服务"网上办理"，企业开办审批程序缩减至2小时，实现开办"零成本"。

四、经验启示

（一）深耕实体经济，提升县域经济发展能级

一是聚焦传统特色产业转型升级。要依托县域特色资源，全力招大引强、选商引资，引进一批规模体量大、支撑带动力强、延伸配套性好的大项目好项目；要强化科技支撑，大力发展农业全产业链，提升农业规模化、产业化、集约化的水平，培育一批"乡字号""土字号"特色产品，提高农业质效；要因地制宜打造特色工业园区，发展资源利用率高、带动力强的县域农林产品加工业；要坚定产业融合发展理念，因地制宜打造县域特色旅游产品、旅游项目，建设高品质特色旅游小镇，实现乡村农文旅融合发展。二是大力发展战略性新兴产业，提升产业发展能级。牢牢抓住数字经济的发展契机，着力发展大数据、新能源、物联网、云计算等新兴产业，培育和发展柔性制造、个性定制等新模式，加快县域各类园区的数字化改造和升级，提升农业生产经营和管理服务的数字化水平。三是协同发展绿色经济，实现绿色低碳循环发展。县域要协同多方力量，对钢铁、建材、造纸、化工、纺织等传统产业要大刀阔斧进行改造，积极发展绿色和低碳经济，坚决遏制高排放、高耗能项目发展，积极发展节能环保、清洁能源产业，大力推广生态种植和生态养殖，建立和完善独具特色的绿色制造体系。

（二）坚持创新驱动，提升县域经济发展动力

一是促进县域科技创新要素集聚培育，加强跨区域协同科技创新。注重以高新区、经开区、重点实验室、科创园区为抓手，探索科技创新体制机制改革，破除阻碍科技创新发展的障碍，加大知识产权保护，更好地服务科技创新。在省际间整合科技创新资源，加强跨区合作，借助中心城市、城市群、都市圈的辐射带动作用，提升科技创新水平。二是提升企业自主创新能力，加快县域经济转型升级。发挥多层次资本市场作用，加强创新型中小企业上市培育，创新激励约束机制，引导创投机构投早、投小，发挥政府产业引导基金、中小企业发展基金作用，带动社会资本聚集到新技术、新产业、新业态上来。三是大力实施科技成果转化工程，支持专利技术转化与产业化。围绕发挥市场对技术研发方向、路线选择、创新要素配置的导向作用，深入开展网上科技成果对接活动，加大知识产权保护和执法力度，及时处理知识产权侵权纠纷案件，推进技术产权化、成果资本化。

（三）坚持开放合作，促进经济内外联动发展

推动县域经济高质量发展必须跳出就"县域"论"发展"的固有束缚，坚持开放引领、合作带动，以开放合作引入竞争压力、形成合作助力、注入外部活力。一是对接"一带一路"发展规划，构建开放的县域产业体系。积极参与"一带一路"建设，更大范围拓展县域经济生产、分配、流通、消费空间，站在全球产业链、价值链、供应链的大视野下，选择县域产业发展路径，以主导产业吸引配套产业，以配套产业支撑主导产业，形成覆盖性广、互补性强、效益性高、循环性好的县域经济企业集群。二是发挥开放通道平台作用，打造开放的县域贸易体系。依托自贸试验区、跨境电子商务综合试验区、服务业扩大开放综合试点示范区等开放合作平台，加快培育贸易新业态新模式，大力提升县域贸易便利化水平。三是致力于加快形成网络化、开

放化的物流网络体系，提升县域开放合作水平。着力打造以公铁水信"四港"为依托的物流产业集聚区，大力发展冷链物流、快递物流、电商物流，构建对接全球、联通国内、产业支撑、通道保障的县域物流体系，推进县级物流配送中心和乡镇快递物流站点升级改造，尽快补齐乡镇和农村地区基础设施短板，加密下沉农村末端服务网络。

（四）搭建平台载体，促进资源要素向县域汇集

一是积极构建产业技术研发基地和公共技术服务平台，推动县域产业技术创新。加快发展科技企业孵化器、大学科技园、众创空间等创业服务平台，发挥产业投资基金、创业投资基金、科技创新发展基金的资源引导效应，促进资金、技术、人才向县域集聚。二是打造产业开放合作平台，促进高端产业聚集发展。积极规划和建设省级、国家级高层次产业发展集聚区，推进经开区、高新区、加工区、保税区等提质升级，不断完善道路、电力、通信、供水等园区基础设施建设及金融、保险、物流等相关配套服务项目的供给，在现有产业组团规划布局的基础上，从产业优化配置和保护环境相统一的层面认真梳理产业项目，注重招商选资，做好产业承接，促进产业组团良性发展。三是城乡融合发展平台，合理引导城乡资源要素的有序流动。坚持因地制宜，高水平打造地方特色农产品生产加工基地，促进农村与城市的人、地、业资源加速对接，提高特色优势农产品的加工转化能力，打造地方特色知名品牌。

（五）用好人才资源，增强县域经济智力支撑

推动县域经济高质量发展，人才是关键。要优化完善和有效落实县域人才发展战略，将优秀人才吸引到县城、乡镇，为县域经济高质量发展提供人才支撑。一是进一步完善政策体系，夯实人才工作基础。要根据县域人才总量及结构、地域、行业等分布情况，结合县域产业结构战略性调整的需要，制定更加开放精准的人才政策，加大对基础

性人才和技能型人才引育的政策支持力度。二是精准引才，优化县域人才资源。对于县域紧缺的专业性人才，实施特事特办、一人一策、一事一议，完善急需人才引进和县域经济重大项目联动机制，制定更切合人才需求的住房、教育、医疗等配套服务政策。三是加快培育县域本土人才，充分挖掘县域能人，建立县域人才培养、储备和使用机制，完善县域人才发展激励机制，强化县域人才技术培训、职业教育，为特色县域经济发展提供更多本土人才支撑。同时，要大力培育新型职业人才，避免"贪多求全"的人才培养模式，打造一支能够带动县域特色产业发展，"守家在地"的特色产业人才队伍。

（六）优化营商环境，激发县域经济的发展活力

优质的营商环境更有促进提升县域经济高质量发展，要高度重视县域经济的发展软环境，不断优化环境支持，提升县域竞争力和吸引外资的能力。一是营造开放透明的政策环境、依法依规的法治环境、公平公正的经营环境、周密周到的服务环境，营造良好的氛围，提升县域竞争力。二是进一步加大"放管服"改革，减少行政流程，提高办事效率，全力打造政策更优、服务更好、办事更快的营商环境；优化财政资金直达机制，继续落实减税降费政策，改善中小微企业贷款环境。三是围绕政府职能转变推进政务服务向基层延伸，加快"数字政府"建设，推动政务服务事项"一网通办、一事联办"，实行企业"办事不出园区"和更宽领域"不来即享"。四是积极构建亲清新型政商关系，推动党员干部主动关心、及时回应企业合理诉求，靠前服务帮助解决实际困难，让"难办的事"办得了、"办不成的事"办得成，提升企业获得感和满意度。

思考题：

1. 结合所在地区的实际条件谈谈城乡融合发展可采取的模式。

2. 正定如何汇聚要素发展现代产业？

第十四章 福建宁德城乡协调发展经验

宁德是习近平总书记工作过的地方，曾经是"老、少、边、岛、贫"，经济总量排全省末位，是全国 18 个集中连片贫困地区之一，如今宁德是我国东南沿海正在崛起的新兴港口城市。2023 年上半年，宁德 5 项主要经济指标增幅位居福建第一，从落后到领跑，再到全省的新增长极和"机制活、产业优、百姓富、生态美"新福建建设的典范，宁德正在努力走出一条具有闽东特色的乡村振兴之路，"宁德模式"为我们提供了宝贵的经验借鉴。

魅力宁德（图片来源：宁德网）

一、基本背景

宁德①，俗称闽东，位于福建省东北部，东临东海，南接福州，西连南平，北与浙江省温州市接壤。20 世纪 80 年代中叶，所辖 9 个县有 6 个是国家级贫困县。经过 30 多年的发展探索、矢志扶贫，宁德市经济社会面貌发生了巨大变化，逐渐探索出了扶贫开发和城乡协调发展的"宁德模式"。

今日宁德焕然一新，已成为"发展新星"。2022 年，宁德市地区生产总值 3554.62 亿元，同比增长 10.7%，增幅居全国地级市前列，连续 4 年居福建省首位，经济总量跻身百强城市。2023 年宁德市实现生产总值 3807.33 亿元，持续保持高增长。近年来，宁德市加快产业发展，相继抱上宁德时代、上汽集团、青拓集团、东南铜业等一个个"金娃娃"，培育出锂电新能源、新能源汽车、不锈钢新材料、铜材料等 4 个具有国际竞争力的主导产业集群，2022 年这四大主导产业产值突破 5000 亿元。随着"金娃娃"相继落地，宁德市持续延链补链强链，吸引了 200 多家产业链头部企业落地生根，一大批产业链企业实现了集聚发展。宁德市从"老、少、边、岛、贫"走上了具有闽东特色的乡村振兴之路，从一只"弱鸟"变为快速飞翔的"领头雁"，成为福建经济社会发展的一个生动缩影。

---

① 截至 2022 年，全市户籍人口 355.23 万人。按城乡分，城镇总人口 137.99 万人，乡村总人口 217.24 万人。宁德市辖蕉城区、福安市、福鼎市、霞浦县、古田县、屏南县、寿宁县、周宁县、柘荣县等 9 个县（市、区），有 43 个乡（含 9 个民族乡）、69 个镇、14 个街道办事处、215 个居委会、2134 个村委会。

崛起的锂电新能源产业基地（图片来源：《经济日报》）

二、主要做法

"九山半水半分田"，是宁德市的真实写照。由于缺乏大块平坦土地，在推进农业产业化方面，当地面临不少困难。如何打破瓶颈制约，形成发展优势？"靠山吃山唱山歌，靠海吃海念海经。"习近平总书记在宁德市工作期间，为宁德市农民增收致富指明方向。2019 年 8 月 4 日，习近平总书记给寿宁县下党乡乡亲们回信时，勉励闽东人民要"努力走出一条具有闽东特色的乡村振兴之路"①。多年来，宁德市牢记嘱托，发挥闽东优势，因地制宜发展产业，初步走出了一条产业引领、以城带乡、文化赋能、生态宜居的乡村振兴新路。

（一）产业强村，做能让百姓富起来的产业

多年来宁德市坚持把产业振兴作为乡村振兴的基础。宁德市注重发挥区域资源优势，做好土特产文章，大力发展茶叶、水果、蔬菜、

---

① 《继续发扬滴水穿石的精神　努力走出一条具有闽东特色的乡村振兴之路》，《人民日报》2019 年 8 月 7 日。

食用菌、中草药材、林竹花卉、畜牧、水产和乡村旅游业等"8+1"乡村特色产业，打造了宁德大黄鱼、古田食用菌、福鼎白茶等区域公共品牌。2022年，"8+1"特色产业全产业链总规模达2150亿元。

2023年以来，宁德市积极落实《宁德市"十四五"特色现代农业发展专项规划》，接续安排2500万元用于"8+1"特色产业发展，推动县域细化实施方案，配套政策措施，形成上下衔接的产业政策体系，深入开展优势农业提效专项行动，市县联手持续实施"一县一专项"项目188个。统筹实施11个省级以上现代农业产业园、3个国家级产业集群项目实施县、20个省级以上农业产业强镇建设，创新推进首批4个市级现代农业示范园建设。持续推进"八个一"工程①，不断增强宁德特色农产品品牌影响力。

（二）以城带乡，以"协调"发展理念统筹城乡和区域

城乡融合，以"协调"发展理念统筹城乡和区域是乡村振兴的必由之路。2023年以来，宁德市持续强化以工补农、以城带乡，不断把城市优质资源要素导入农村。持续落实巩固拓展脱贫攻坚成果同乡村振兴有效衔接"22条措施"、支持少数民族乡村振兴"5条措施"、老区基点行政村乡村振兴"7条措施"、海岛振兴"9条措施"、防止返贫精准救助方案等政策，全面守住底线，全市无一例返贫致贫现象。同时，宁德市注重以金融创新破解资金难题，累计组织800多个市、县企事业单位与村结对共建，发动361家企业挂钩帮扶418个村，推动185个村党组织跨县跨乡结对共建，实施产业发展、人才共享等共建项目1300多个，持续实施村级集体经济"提质强村"行动，实施集体经济发展项目1100多个。截至2023年8月，全市村级集体经济年经营性收入20万元以上的村超过58%，50万元以上的村超过28%。

---

① "八个一"工程，即推动每个特色产业落实一个规划、一本蓝皮书、一个展示馆、一批龙头企业、一个科研机构、一个数字平台、一套政策体系、一个产业基金。

（三）绿色转型，走生态宜居的乡村振兴新路

乡村振兴，环境是底色。宁德交出了优异的绿色答卷，全市林地保有量98.32万公顷，森林蓄积量5968万立方米，成为我国大陆沿海最绿的城市，并上榜中国绿都。

以福安市甘棠镇观里村为例。福安市将改善农村人居环境作为推进生态文明建设和乡村振兴战略的重大任务，2017年至2019年期间完成了439个村改水和73231户改厕。观里村先后投入2000多万元提升村容村貌、改善居住环境。现今，观里村100多幢别墅式住宅联排亮相，290多栋房屋焕新登场，30多座古民居和4处革命旧址重现风采，村史记忆馆、农村幸福院等设施相继投入使用。村里投资50多万元修建的古树群小公园，更是村民的娱乐好场所。古树、古居，新房、新设施，构成了别样的观里美景。观里村特色产业不断发展壮大，红色旅游、生态旅游等正成为重要增收来源。2022年，村民人均收入达26500多元，村集体收入超51万元。2019年以来，宁德市围绕"绿盈乡村"建设推动乡村生态环境改善。截至2022年底，全市累计认定"绿盈乡村"1805个，占比达84.46%。

三、实施成效

宁德市因地制宜，扬长避短，在唱好"山歌"、念好"海经"的基础上，结合实际做"绣花功夫"，做到乡镇有产业、村村有品牌，以产业升级谋长远发展。

乡村振兴关键是产业振兴，宁德市积极做好产业扶贫这篇大文章，全市6个省级扶贫开发工作重点县、453个贫困村全部摘帽，18.9万贫困人口全面脱贫，14.3万偏远人口搬出大山，"十三五"期间，脱贫群众年均收入增长4.7倍，年均增速达41.5%；脱贫村平均村集体收入增长近2倍，全部达到10万元。宁德按照"精准定位、转型升

级、融合发展"的思路，坚持一二三产业融合发展、新技术新业态新模式融合创新、产业链供应链价值链融合壮大，着力打造一批农业百亿强县、十亿强镇、亿元强村，不断提升农业发展效益，筑牢乡村振兴基石。

寿宁县下党乡（图片来源：《经济日报》）

2023 年 7 月，福建宁德寿宁县下党乡群众致函《经济日报》，生动展现了下党乡从里到外都发生了翻天覆地的变化。原文如下：

经济日报编辑部：

我们是福建省宁德市寿宁县下党乡的乡亲代表，是习近平同志"三进下党"的亲历者、见证者。我们受乡亲们委托写这封信，感谢经济日报一直以来对下党的关心关注，说一说近些年我们下党的幸福故事。

今年是习近平总书记给下党乡的乡亲们回信 4 周年，看着越来越兴旺的下党，看着越来越红火的生活，我们心中充满了感激、充满了幸福。4 年来，在上级的支持帮助下，我们以摆脱贫困为新起点，重整行装再出发，下党从里到外都发生了翻天覆地的变化。

天堑变通途，总书记牵挂在心的下党到庆元二级路前些天主体全线贯通，路通后到庆元只要 40 分钟，比到寿宁县城还近。村庄变景区，按照总书记"积极建设美好家园"要求，政府把我们列入美丽乡村、金牌旅游村项目进行靓化美化改造，村庄旧貌换新颜，成了远近

闻名的网红打卡地。外出变返乡，过去的下党"一方水土难养一方
人"，如今乡亲们建设家乡的信心和干劲更足了，政府也下派"一书记
三大员"指导我们发展起了林下经济，打造了"下乡的味道"电商平
台，乡里山货不仅卖得好还卖得上价，村里热闹劲又回来了。

难忘下党，福满寿宁。我们坚信，只要大力发扬传承好"弱鸟先
飞""滴水穿石"的精神，坚定不移地沿着习近平总书记指引的方向
走下去，就一定能够"走出一条具有闽东特色的乡村振兴之路"，过上
越来越幸福美好的生活。

寿宁县下党乡的乡亲代表

2023 年 7 月 24 日

四、经验启示

30 多年来，习近平同志多次对宁德市作出重要指示，亲自为其发
展掌舵领航、定纲指向，为宁德市各项事业发展指明了根本方向。万
物得其本者生，百事得其道者成。有了思想伟力的浸润滋养，才能更
加枝繁叶茂。宁德市干部群众牢记总书记嘱托，踔厉奋发、勇毅前行，
开启了后发赶超的新征程。"宁德模式"可以为我们提供如下经验
启示：

（一）激发精神动力

宁德市取得的卓越成就，是其传承发扬"弱鸟先飞""滴水穿石"
闽东精神的结果。在谋发展的过程中，宁德市始终注重"扶贫先扶
志"，激发广大干部和群众的精神动力，通过有效动员群众，让群众热
起来、动起来，用精神的力量激发出发展的内生动力，重视干部和群
众主动性、创造性的激发，解决"干部在干，群众在看""干部着急，
群众不急"等问题，激发干部和群众心往一处想、劲往一处使。以宁

德市的脱贫攻坚为例，广大干部始终传承发扬艰苦奋斗的精神，广大贫困群众从过去的"要我脱贫"到现在的"我要脱贫"，从甘居落后到奋发向上，从墨守成规到开拓进取，从要钱、要物到要政策、要项目、要信息、要科技，"等、靠、要"的依赖思想已彻底改变，合法经营、开发致富的意识大为增强，自力更生、艰苦奋斗的优良传统得到恢复和发扬。

（二）坚持"四下基层"

"四下基层"即领导干部"宣传党的路线、方针、政策下基层，调查研究下基层，信访接待下基层，现场办公下基层"，是习近平总书记在福建宁德工作时大力倡导并身体力行形成的工作方法和工作制度。"四下基层"从宁德市发端，丰富深化发展，成为广大党员、干部践行新时代群众路线的重要载体，是干部扑下身子、深入基层、深入群众的方法论遵循，彰显着人民至上的崇高价值理念。

（三）突出因地制宜

长期以来，宁德市干部群众正是以此为指导，逐步走上脱贫致富道路的。首先，根据区域实际，大胆推进产业转型，发展特色产业，发挥地方后发优势，实现产业就业稳定脱贫有成效。其次，结合国家政策，根据实际，地方政府大胆作为，通过推进"造福工程"赋权于民，创新小额信贷普惠金融，促进城乡融合发展，建构扶贫开发长效机制。最后，传承传统，创新科学扶贫精准脱贫"六六四"模式，把群众脱贫与贫困县、贫困村发展结合起来。经过不懈努力和持续探索，宁德构建形成了特色农业产业格局，实现了优势互补、差异竞争，初步走出了一条产业引领、以城带乡、文化赋能、生态宜居的乡村振兴路子。

（四）注重精准施策

宁德市着力推进城乡融合和区域协调发展，不断以发展政策、人才政策、资金政策等激活乡村振兴活力。发展政策上，相继出台《关于支持少数民族乡村振兴的五条措施》《关于支持老区基点行政村乡村振兴的七条措施》等措施，并研究制定支持海岛村发展的若干措施，将各类优质资源导入农村，努力做到乡村振兴路上"一个不少、一个不落"。人才政策上，宁德市制定出台《宁德市乡村振兴重点特色产业人才保障专项规划（2018—2022年）》《"十百千万"专家服务乡村振兴行动实施方案》等文件，常态化选派驻村第一书记和乡村振兴指导员、科技特派员、金融助理员，开展年轻干部"四下基层"实践活动，推动人才奔赴乡村振兴一线。资金政策上，宁德市完善农业农村投入优先保障机制，2021年投入乡村振兴各项资金46.9亿元，通过PPP（政府和社会资本合作）项目引入社会资本71.6亿元。建成全省首个农村生产要素流转服务中心，金融创新产品不断涌现。

（五）凝聚发展合力

在长期的扶贫过程中，宁德市逐步形成了多方力量参与扶贫、多种举措有机结合和互为支撑的大扶贫格局。为动员社会各方面力量参与精准扶贫，宁德市委、市政府出台了《关于动员社会力量参与精准扶贫的实施意见》，提出鼓励引导大型企业挂钩贫困乡、中型企业挂钩贫困建制村、规模以上和限额以上企业挂钩贫困户等多项措施，形成全社会协同推进"大扶贫"格局，凝聚各方力量共谋发展。

思考题：

1. 宁德在因地制宜发展产业方面有哪些经验启示？

2. 如何坚持"四下基层"走好新时代群众路线？

第十五章　江苏城乡区域协调发展经验

党的十八大以来，习近平总书记明确要求江苏"做好区域互补、跨江融合、南北联动大文章"。江苏依据实际，提出"苏南提升、苏中崛起、苏北振兴"的区域协调发展战略，同时全力推进新型城镇化建设、乡村振兴战略、南北挂钩帮扶合作、"1+3"重点功能区建设等重大决策部署的落地落实，有力推动了江苏城乡区域协调发展。如今的江苏，均衡协调发展水平走在全国前列，为高质量发展拓展了广阔空间、增添了强劲动能。

一、基本背景

江苏省，简称"苏"，总面积 10.72 万平方千米。截至 2022 年末，江苏省共有 13 个设区市，95 个县（市、区）。2022 年，全年地区生产总值 122875.6 亿元，比上年增长 2.8%，经济总量仅次于广东省。其中，第一产业增加值 4959.4 亿元，增长 3.1%；第二产业增加值 55888.7 亿元，增长 3.7%；第三产业增加值 62027.5 亿元，增长 1.9%。全年三次产业结构比例为 4∶45.5∶50.5。全省人均地区生产总值 144390 元，比上年增长 2.5%。

2022 年末，江苏全省常住人口 8515 万人，年末常住人口城镇化率达 74.4%，比上年末提高 0.5 个百分点。全年全省居民人均可支配收入 49862 元，比上年增长 5.0%。其中，城镇居民人均可支配收入 60178 元，增长 4.2%；农村居民人均可支配收入 28486 元，增长

江苏苏州市城区

6.3%。全省居民人均消费支出 32848 元，比上年增长 4.4%。其中，城镇居民人均消费支出 37796 元，增长 3.4%；农村居民人均消费支出 22597 元，增长 6.9%。①

二、主要做法

（一）深入实施国家区域重大战略，推动省际区域协调发展

"一带一路"、长江经济带、长三角区域一体化等国家重大战略，为江苏推动城乡区域协调发展创造了重大政策机遇。在"一带一路"倡议中，苏北位于丝绸之路经济带的东端起点，连云港和徐州是重要节点城市。在长江经济带、长三角区域一体化战略中，苏南和苏中则是重要节点区域。江苏抓住政策机遇，充分发挥国家战略叠加优势，把区域发展纳入国家战略布局，推动国家重大战略在全省更好地落地

---

① 《江苏省政府 2023 年政府工作报告》，江苏省人民政府网 2023 年 1 月 28 日。

生根、落实见效。①

在"一带一路"共建上，江苏不断深化与中西部省份合作，做好对口支援、对口合作和扶贫协作工作，推动向东开放和向西开放，不断完善省际结对关系，在劳务协作、产业合作、人才支援、金融支持等重点领域，持续提升省际协作新水平，加快走出去步伐，推动经济和文化的交流与发展。

在长江经济带发展上，江苏加强长江经济带的区域合作和一体化发展，建立各种机制和推进基础设施建设，促进长江两岸的融合和发展。深化与长江上中游地区协商合作，不断完善共抓大保护体制机制；推进重要过江通道、港口集疏运体系建设，促进沿江两岸高效便捷融通发展；推动长江江苏段生态优先、绿色发展，不断优化调整产业结构，重点发展智能制造、绿色制造和服务制造，推动沿江新旧动能转化。

在长三角区域一体化发展上，紧扣一体化和高质量两个关键词，打破行政壁垒、提高政策协同②，明确在五大领域基本实现一体化发展，全面建立一体化发展体制机制。发挥区位条件优势，对接长三角产业转移和发展新兴产业，让更多的江苏县（市）参与到长三角区域一体化发展中来，促进江苏县域经济的发展和提升。深化长三角生态绿色一体化发展示范区建设，共同探索生态环保、绿色发展的新模式。全省全面接轨上海，强化与沪浙皖等省市协同配合，提升长三角区域一体化的质量和水平，打造区域合作共赢发展新局面。

---

① 刘江船：《在统筹区域协调中推进江苏高质量发展》，《连云港职业技术学院学报》2022年第3期。

② 中共中央党史和文献研究院、中央学习贯彻习近平新时代中国特色社会主义思想主题教育领导小组办公室编：《习近平新时代中国特色社会主义思想专题摘编》，中央文献出版社2023年版，第171页。

（二）大力实施"1+3"重点功能区建设，重构经济地理版图

进入新时代，面对发展阶段和环境条件的变化，江苏转变发展思路，主动谋划"1+3"重点功能区布局。2017年5月，时任江苏省委书记的李强同志，在苏北发展座谈会上提出了"1+3"重点功能区的战略构想。此后，"1+3"战略布局加速推进。2022年江苏省第十四次党代会明确提出"更高水平推进'1+3'重点功能区建设，更大力度推进全省区域协调发展，助推长三角更高质量一体化发展"。江苏通过实施"1+3"重点功能区布局，打破了地理上的划分和行政壁垒，重构了全省的经济地理版图，实现了资源的优化配置和区域的协同发展。①

1. 谋划建设扬子江城市群，加强集群，融合发展

扬子江城市群是全省工业经济的"主战场"和经济发展的"发动机"，为了解决沿江南北两侧发展不平衡的问题，江苏积极打造扬子江城市群，将苏南与苏中进一步融合起来。发挥南京引领作用，强化宁镇扬一体化发展，推动与镇扬两地形成"总部+基地""研发+生产""创新飞地+产业飞地"的发展布局。增强苏锡常都市圈融通服务功能，支持苏州建设区域产业创新中心，与周边城市合力打造太湖湾科技创新圈，推动苏锡常三市错位发展、一体联动，带动江苏中轴地区崛起。支持泰州全面参与苏锡常都市圈建设，系统谋划跨江快速交通发展，促进锡常泰组团发展。推动南京、苏锡常两大都市圈之间协同联动、功能对接、产业互补，促进与上海的空间融合，使扬子江城市群能够向东西南北同时拓展辐射。

2. 打造沿海经济带，促进陆海统筹、向海发展

江苏在"十三五"规划以前面临着海洋经济的诸多挑战，包括

---

① 何佩云：《"1+3"重塑江苏经济地理》，《决策》2017年第11期。

规模不足、产业结构落后、港口布局零散、缺乏创新动力及生态环境破坏等。为此，江苏积极谋划和推进现代海洋经济发展，深度挖掘现代海洋经济的内涵。2009年，江苏沿海地区发展正式上升为国家战略，《江苏省"十三五"海洋经济发展规划》提出要将江苏初步建成海洋经济强省。通过优化海洋经济的空间布局，江苏提出重点发展连云港、盐城、南通"三核"，打造沿海经济带。南通被定位为江海联动的节点门户，加强与上海和苏州协同合作，增加创新资源的引进，增强新的发展动力，努力成为上海的"北大门"。连云港被定位为陆海通道的战略枢纽，需要巩固和发展国家陆桥通道，着力与"一带一路"国家和地区的海洋产业进行合作，构建一种产业、贸易与物流相互配合的发展模式。盐城则被定位为长三角区域一体化产业的发展基地，创新发展模式，构建海洋绿色产业结构，推动低碳循环海洋经济的发展。以三个城市为核心形成的"蓝色板块"加速崛起，发挥各自的作用，呼应苏南的发展、支撑沿江的进步、联动河湖的资源及带动苏北的崛起，推动了省域一体化发展的新格局。

3. 推进江淮生态经济区建设，聚力绿色发展促进共同富裕

江淮生态经济区是江苏地理条件优越的区域，水网密集、生态资源丰富，却一直面临着发展不充分、经济增长不可持续和人民生活不够富裕的问题。为此，该区域决定以生态优先为核心理念，注重关键节点的培育，积极探索一条绿色发展、生态富民的新道路。首先，将生态作为发展的底色，通过优化空间布局，转变发展路径和模式，加强生态保护和产业转型的并行推进，积极构建绿色城镇体系，探索出了一条保护与发展协同并进的新路子。其次，在吸引优质资源、高端要素方面下功夫，积极打造并充分利用各类新平台，聚焦重点产业，发展环保绿色的生产力。再次，充分发挥"水"的优势，展现湖群水网的水域特色和文化氛围，建设以水文化为特色的生态文明城市、特色小城镇、水美乡村，构建精致宜人的绿色城乡。最后，提升淮安、

宿迁等城市的要素吸引力，强化经济效益、生态人文及民生福祉等多方面的综合优势。通过这些举措，江淮生态经济区正在努力实现经济、社会和生态效益的协同发展，走上更加绿色、可持续的发展道路，为江苏的未来发展贡献力量。

4. 建设淮海经济区，带动省际接壤地区协同发展

淮海经济区位于江苏、山东、河南和安徽四省之间，是一个具有承东启西、连接南北的战略枢纽地位的区域，却长期处于"经济低谷"和"政策低谷"的发展困境之中。为了推动淮海经济区的快速发展，江苏提出以徐州为核心城市，规划和建设都市圈，并与南京、苏锡常共同构成省内三大都市圈，以带动省际接壤地区的协同发展。为此，一方面推进老工业基地和资源型城市的全面振兴和转型，对经济区进行整体规划布局，优化基础设施和公共服务体系，不断扩大商业、金融、物流和信息数据的辐射半径和服务能力；另一方面，打造国家陆桥通道双向开放门户，深化多领域的国际产能合作，鼓励国际合作建设"小而美"项目，探索与连云港联合建设"一带一路"新亚欧陆海联运通道。

通过以上措施，有力推动淮海经济区的快速发展，促进该地区的经济崛起和社会进步。

（三）加大南北结对帮扶合作力度，促进区域互动和产业联动

为缩小区域发展差距，江苏不断深化南北挂钩合作，有序引导产业跨区域合作和转移。早在2001年，江苏省委、省政府就为推动区域共同发展提出了"南北挂钩"的重要决策，先后出台《关于支持南北挂钩共建苏北开发区政策措施的通知》《关于推动南北共建园区高质量发展的若干政策措施》《关于深化南北结对帮扶合作的实施意见》等具体政策，以南北挂钩合作、共建工业园区、结对帮扶合作为关键抓

手，推进区域互动和产业联动，有效促进南北区域协调发展。[①]

首先，发挥各区域比较优势，引导产业联动。通过政府引导和企业投资，加强苏南和苏北地区经济联系和合作，进行产业联动和分工协作，推动产业跨区域合作，形成了多种不同的合作方式，如整体性转移集聚、产业链双向延伸、总部+功能区机构或研发+制造等。

其次，破除区域行政壁垒与机制障碍，推进产业合作模式创新。江苏致力于改革突破，不断创新产业合作机制，破除区域行政壁垒和机制障碍，推动形成了多种南北产业合作模式，如"苏南主导、封闭运作"、政府和社会资本合作、国有资本市场化运作及"标准厂房+委托招商"等工业园合作共建模式。此外，还提出发展"科创飞地"，依靠苏南的资源进行研发创新、成果转化和招才引智，推动苏北产业升级。

最后，全面拓展合作领域，筑牢合作保障机制。江苏不断拓展南北挂钩合作的领域，从最初的产业发展、园区建设向科技教育、医疗卫生、劳务培训、人才交流、文旅康养等新领域拓展。同时，还开展全方位的合作，包括重点领域双向互派干部进行多层级交流、定期选派党政干部和专业人才到苏北被帮扶地区挂职交流等。此外，还设立了专项使用帮扶资金，重点投向苏北地区的公共服务领域，为合作保障机制提供了坚实的支撑。

江苏通过深化南北挂钩合作，推动产业跨区域合作和转移，创新产业合作模式等措施，取得了积极的成效。这些措施不仅促进了区域协调发展，推动了城乡一体化进程，而且实现了资源共享和优势互补，为江苏经济发展注入了新的动力。

（四）积极推进新型城镇化建设

推进新型城镇化建设，有利于提高城镇化质量和破解城乡二元结

---

① 　徐洪、罗纯超，陈大伟等：《做好南北联动大文章的生动实践》，《群众》2023年第7期。

构。江苏城镇化发展起步较早，早期城镇化发展模式粗放，存在着诸多矛盾和问题。党的十八大以来，江苏积极探索中央要求与全省特征紧密结合的新型城镇化道路，不断提高城镇化质量，为推进经济高质量发展和城乡区域协调发展提供了强大动力。①

一是充分发挥都市圈发展动力源作用。打造现代化都市圈，提升中心城市能级，增强中心城市功能品质和辐射能力，带动区域协调发展。积极打造南京都市圈，发展规划获国家发展改革委批复，苏锡常都市圈纳入国家现代化都市圈培育范畴。

二是分类推进以县城为重要载体的城镇化建设。为加强以县城为重要载体的城镇化建设，江苏印发了《关于推进以县城为重要载体的城镇化建设的实施意见》，加快近郊卫星县城融入都市圈中心城市布局，推动毗邻都市圈县城强化专业配套功能，提升重要节点县城经济和人口集聚能力，引导涉农市辖区服务周边农村发展。同时针对县城整体发展，实施产业提升、稳岗聚才、惠民便民、基础强化、城乡共富等五大工程。

三是抓好重点中心镇、特色镇和特色小镇建设。江苏注重培育重点中心镇，加强整治镇容镇貌，完善基础设施建设，提升公共服务水平，优化生态环境和发展产业经济，增强对人才、资本、技术的吸引力。同时重点培育镇村特色，打造特色小镇，江苏2018年出台《关于规范推进特色小镇和特色小城镇建设实施意见的通知》，进一步规范特色小镇建设，强化新兴、特色产业集聚，比如常州的石墨烯小镇创造了10项专业领域的世界第一，句容市打造绿色新能源小镇成为国家第一批全国特色小镇典型案例。

（五）扎实推进乡村振兴，促进城乡融合发展

长期以来，江苏同样存在城乡发展不平衡问题，尤其是苏北乡村

---

① 周明生、李宗尧：《由城乡统筹走向城乡融合——基于江苏实践的对中国城镇化道路的思考》，《中国名城》2011年第9期。

地区更为突出。进入新时代，"一条腿长、一条腿短"的城乡失衡现象，仍然制约着江苏经济高质量发展和整体水平的提升。2017年，党的十九大报告提出实施乡村振兴战略，走城乡融合发展之路，同时指出我国经济已由高速增长阶段转向高质量发展阶段。江苏省委十三届三次全会提出把"高质量"作为全省发展的鲜明导向，明确提出实现"城乡建设高质量"。此后，又对全面推进乡村振兴作出具体安排，不断推动城乡融合发展。2017年江苏启动特色田园乡村建设行动，2019年江苏的宁锡常接合片区入选首批国家城乡融合发展试验区，随后2020年提出建设"美丽江苏"，持续探索城乡融合发展路径。①

一是补齐农村基础设施短板和推进城乡公共服务均等化。不断完善农业生产性设施，加强农村管网、垃圾收运、农房改造和交通物流等基础设施管护一体化建设，以三年农村人居环境整治和"美丽江苏"工程为抓手，对乡村基础设施进行量质双提升。扎实开展文化惠民工程，深化"书香江苏"建设，启动实施乡村教师素质提升工程，加强对乡村教师的培训，夯实乡村基层医疗网，实现农村医疗点全覆盖，推进城乡教育、医疗、社会保障一体化。

二是促进乡村产业提质增效，推进城乡产业融合发展。在规划引导乡村产业发展时，强调与城市合理分工、相互配合、各展所长、错位发展的原则，深入挖掘乡村产业发展潜力，大力发展农业特色产业。注重培育壮大农村新产业、新业态与新模式，开展"万企联万村、共走振兴路"行动，推动农村一二三产业融合发展，促进乡村产业提质增效。2020年，江苏出台《省政府关于促进乡村产业振兴推动农村一二三产业融合发展走在前列的意见》，进一步引导促进农村产业高质量发展。

三是完善城乡融合发展体制机制，促进城乡生产要素双向自由流

---

① 张伟、闾海、胡剑双等：《新时代省域尺度城乡融合发展路径思考——基于江苏实践案例分析》，《城市规划》2021年第12期。

被誉为"天下第一村"的江苏华西村

动。江苏在户籍、人才、土地、资金和合作模式方面制定多项创新政策，构建农村人才引进机制，畅通城乡人口流通渠道，健全农村土地流转市场运行机制。2018 年出台《关于引导社会资本更多更快更好参与乡村振兴意见的通知》，进一步引导社会资本更多更快更好参与乡村振兴，推动城市资源更好适应和融入乡村土壤。

三、实施成效

（一）区域协调发展质量显著提高

江苏深入实施区域协调发展战略，经过多年的努力，区域协调发展水平和质量明显提高。

首先，区域经济发展的差距显著缩小。2021 年，苏南、苏中、苏北三大区域的地区生产总值分别为 66648 亿元、23749 亿元、26732 亿元。与 2012 年相比，这三个区域的年均增长率分别为 7.3%、7.9%、7.4%。苏中、苏北的经济总量在 2012 年的基础上全省占比提高了 2.9 个百分点，显示出经济发展的整体进步。

其次，区域发展格局进一步优化。南京都市圈的协同发展势头强劲，都市圈内实现 139 项群众急需的服务事项接入"跨省通办"，61 项高频政务服务实现"南京都市圈通办"；苏锡常都市圈的一体化进程也上了一个新台阶，创新要素加速融合，与南通、泰州的跨江融合发展得到进一步深化；江淮生态经济区的电子商务、快递物流等新业态经济发展迅速，宿迁成功打造为"电商名城"，要素吸引能力持续增强；徐州则在淮海经济区中心城市建设中扎实推进，2022 年地区生产总值达到了 8458 亿元。

最后，南北挂钩合作持续深化。苏南地区"腾笼换鸟"，传统产业的逐步退出，为高技术制造业的引进和培育腾出了宝贵的发展空间；苏北地区则积极"筑巢引凤"，主动吸纳产业转移和接受经济辐射的带动效应，不断学习先进的理念和经验，努力集聚各类人才、优质项目和资本。截至 2022 年，江苏南北共建工业产业园区累计培育了 2000 余家企业，实际利用外资超过 40 亿美元，带动了 70 万余人就业。

（二）县域经济实力全国领先

县域经济的高质量发展，是破解城乡二元结构体制、促进城乡融合发展的重要途径。一直以来，江苏高度重视县域经济的发展，其县域经济实力在全国领先。

首先，县域经济层次水平得到不断提升。2022 年，江苏新增 4 个地区生产总值超千亿元的县（市），共有 21 个成为千亿县（市），占全国千亿县（市）总数的 40%，昆山、江阴、张家港包揽全国前三，昆山市 GDP 一举突破 5000 亿元。赛迪顾问发布的《2023 中国县域经济百强研究》（以下简称"报告"）显示，江苏上榜的有 23 席，领跑全国。

其次，县（市）协调发展态势明显。苏北县域的竞争力得到了明显提升，根据报告，2022 年全国经济实力百强县（市）中，江苏上榜的 23 个县（市）分布于苏北地区的有 6 个，分别是东台（37）、邳州

（43）、沭阳（62）、沛县（67）、建湖（72）、射阳（73），充分体现了区域协调发展的成效。

最后，县域城镇化质量不断提高。农业转移人口进入城镇成为新市民，数量持续增长，根据统计资料，2020 年底，江苏共有 12 个县（市）人口超过 100 万，其中苏南和苏北各 5 个县（市）、苏中 2 个县（市）。通过人口十年的变化数据对比发现，人口增量超过 10 万的县域有 6 个，分别为昆山市、江阴市、张家港市、常熟市、沭阳县和太仓市，其中昆山的人口增加最多，总人口超过 200 万。

（三）城乡融合发展成效凸显

江苏从以新农村建设为重点推进城乡统筹，到以特色镇村培育为重点促进城乡协调发展，再到全面实施乡村振兴，持续加快农业农村现代化、城乡融合发展步伐，取得了显著的成效，城乡差距逐步缩小。

城乡居民收入差距持续缩小，农民的增收基础得到了不断夯实，收入水平也在不断提高。2022 年，江苏农村居民的人均可支配收入达到了 28486 元，增长 6.3%。城乡居民收入差距持续缩小，由 2012 年的 2.37∶1 缩小至 2022 年的 2.11∶1，江苏也因此成为全国城乡居民收入差距较小的省份之一。

农村居民的生活条件明显改善，差距进一步缩小。2022 年，全省居民人均消费支出 32848 元，比上年增长 4.4%，其中城镇居民人均消费支出 37796 元，增长 3.4%；农村居民的人均生活消费支出达到了 22597 元，增长 6.9%，与城镇居民差距进一步缩小。农民的住房条件也在不断改善，农村的危房已经实现清零，全省累计 30 余万户农村困难群众的住房条件得到了改善。

城乡基础设施一体化建设不断加强，乡村设施提档升级。江苏完善农村公路基础网，率先实现建制村通双车道四级公路全覆盖，农村公路通达水平全国领先。截至 2021 年，城乡公交班次、乡镇和行政村公交直通县城比例、农村公路路网密度和农村公路桥梁数量均居全国第一或前列；完成 13 个农村物流示范县建设任务，乡镇快递网点覆盖率达 100%，建制村设置"村邮站"，实现城乡物流服务一体化；11480 个行政村建有生活污水治理设施，行政村治理覆盖率为 77.7%，位居全国前列。全省农村生活垃圾集中收运率已超过 99%，省级农村生活垃圾分类试点示范乡镇（街道）已达到 151 个。

城乡公共服务体系建设持续推进。公共文化体育服务体系不断完善，在全国率先实现"省有四馆、市有三馆、县有两馆、乡有一站、村有一室"五级公共文化设施网络体系，基本形成城市社区"15 分钟文化圈"、乡村"十里文化圈"；城乡学校共建共享优质资源，打造"名师空中课堂""城乡结对互动课堂"等学习平台，农村学校质量得到全面提升；完善覆盖城乡的"15 分钟健康服务圈"，截至 2022 年末，建成社区医院 343 个（全国第三）、农村区域性医疗卫生中心 200 个（全国第一）、基层特色科室 1100 个（全国第一）；构建医保公共服务圈，截至 2022 年末，建成"15 分钟医保服务圈"省级示范点 213 个、市级示范点 1027 个，实现医保公共服务乡镇（街道）100% 全覆盖。

四、经验启示

（一）发挥政策叠加优势，融入更大发展舞台

江苏积极响应国家政策，充分发挥政策叠加优势，主动对接、加快落实多重国家战略，如沿海开发、长江经济带发展、长三角区域一体化发展等，深化省际合作，促进区域协调发展，推动经济高质量发展。

首先，江苏各地的重大基础设施，特别是互联互通网络建设，与国家战略中的相关项目有效衔接。通过建设互联互通的网络，可以有效地提高区域内的物流效率和经济发展水平，从而推动江苏地区经济的整体发展。其次，江苏建立健全跨省跨区域协作机制，全面接轨上

海，强化与沪浙皖等省市协同配合，通过加强与周边省市的协作和配合，实现资源共享和优势互补，从而提升区域一体化的质量和水平，更好地融入全球经济发展体系。再次，江苏也加强与中西部地区的产业合作和资源共享，打造跨区域创新链、产业链、价值链，提升区域协同创新能力和整体发展水平，从而实现区域内的优势互补和协同发展。最后，江苏贯彻生态优先、绿色发展的理念，通过优化调整产业结构，重点发展智能制造、绿色制造和服务制造，推动沿江新旧动能转化，促进经济的可持续发展并提高生态文明水平。

江苏积极响应国家区域重大战略，推动省际区域协调发展的实践，启示我们在实施国家区域重大战略过程中，要注重优化经济布局、提升区域一体化质量和水平、打造区域合作共赢发展格局、坚持生态优先和绿色发展，通过深化合作、建立机制、推进基础设施建设等举措，促进区域经济一体化发展。

（二）突出功能区导向，构筑高质量发展区域新格局

江苏在推动城乡区域协调发展过程中，积极打破传统发展模式，突出功能区导向。根据各区域实际情况和发展需要，谋划出"1+3"重点功能区发展布局，这种创新的发展模式能够更好地适应不同的地理、资源和市场环境，有助于促进各区域协同发展，提高整体经济效益，推动江苏持续发展。

"1+3"重点功能区发展布局突破了传统的地理分界和行政壁垒，以资源禀赋、发展阶段、功能定位等作为划分区域发展的主要依据，从更大的空间范围内整体谋划区域发展，重塑发展优势，推进区域、城乡的协调发展。"1+3"重点功能区发展战略注重不同区域承担不同的发展功能，例如扬子江城市群侧重产业集群和融合发展，沿海经济带注重海洋经济发展等，同时强调"+"的效应得到更大发挥，形成全省域开放融合、协同发展的大生态系统。这意味着需要根据不同地区的实际情况和比较优势，进行差异化的功能定位和发展规划，避免

一刀切的发展模式。

"1+3"重点功能区发展布局不仅强调各区域自身的发展，更加注重区域之间的协调和合作。这种协调和合作可以促进资源的优化配置和最大化利用，可以促进基础设施共享、产业协作、环境保护等方面的发展，推动各地区共同发展。这意味着不仅需要培育和发挥区域比较优势，还要加强区域优势互补，实现资源共享、互利共赢。此外，对于不同的功能区，江苏进一步完善其产业体系，提升其产业体系竞争力。通过实施一批重大功能性和支撑性项目，可以推动各功能区的产业集群和融合发展，打造创新发展新高地，提高经济发展的质量和效益。

江苏在推动城乡区域协调发展过程中积极打破传统发展模式，实施"1+3"重点功能区发展战略，给我们提供了一种新的区域发展思路和方法。通过差异化的功能区定位和发展规划，可以更好地发挥各地的比较优势，推动区域协调发展。同时，这种发展模式也需要政府在政策引导、资源投入等方面做好支持和保障工作，以推动各功能区的良性互动和协同发展。

（三）奉行结对发展，形成优势互补的发展合力

江苏奉行结对发展，融合南北优势资源，构建起优势互补、合作共赢的新格局，以"南北挂钩"为"经济洼地"注入发展动能，有力促进城乡区域协调发展。

江苏南北挂钩合作是基于双方的互补优势和资源进行合作，通过优势互补、资源共享，促进双方共同发展。在苏南和苏北地区的合作中，苏南地区的先进管理理念、良好产业基础、优秀人才团队与苏北地区的丰富资源、低成本劳动力和优惠政策形成了互补，使得双方都能够更好地利用各自的优势，实现共同发展。

江苏南北挂钩合作不仅关注经济领域，还涉及社会、文化、环境等多个领域，通过全方位的合作促进双方共同发展。从产业转移的角

度来看，苏南和苏北地区的合作已经从单纯的产业转移到了产业协同和产城融合的阶段。这种转变意味着双方的合作更加深入，涵盖了更多的领域，包括城市建设、环境保护、文化旅游等方面，为区域协调发展注入了新内涵，带来了更多的机遇和挑战。

江苏南北挂钩合作是一种创新的发展模式，它打破了传统的地域限制和行政区划，以跨区域合作的方式推动区域协调发展。这离不开政府的积极引导和推动，政府在政策制定、资金投入、市场监管等方面发挥了重要作用。同时江苏南北挂钩合作也注重社会参与，鼓励企业、社会组织和公民等各方面力量的参与。这启示我们应该注重互补性合作、全方位合作、政府引导推动和社会参与等方面的工作，探索适合不同地区的协调发展模式，推动区域的全面协调发展。

（四）强化体制机制创新，激发城乡区域协调发展动力

江苏重视制度创新赋能，向改革要动力，破除体制机制障碍，持续激发城乡区域协调发展动力。通过优化区域产业布局、促进区域创新协同、提升基础设施水平、完善区域合作机制及推进生态环保联防联控等方面进行体制机制创新，进一步推动江苏区域协调发展。[①]

优化国土空间开发保护格局。江苏按照主体功能区定位，在国土空间开发保护总体格局的基础上，完善重大基础设施、重大生产力和公共资源布局，形成生产空间集约高效、生活空间宜居适度、生态空间山清水秀的空间格局。

推动区域创新驱动发展。江苏积极推动创新链与产业链深度融合，构建多层次创新平台体系，加强科技创新能力建设，促进科技成果转化和产业化，提升产业技术创新能力。

完善区域协同发展机制。江苏加强区域合作和联动发展，加强城市间在产业、交通、生态环保、公共服务等方面的协同合作，推动城

---

① 孙志高：《推进江苏区域协调发展的新方略》，《群众》2023 年第 1 期。

市群和都市圈内各城市之间的资源优化配置和功能互补，促进区域协同发展。

健全市场机制。江苏深化要素市场化改革，推动劳动力、土地、资金等要素在城乡之间自由流动和优化配置，着力破除制约区域之间、城乡之间要素合理流动的堵点，有效打破行政壁垒、市场分割和行业垄断，同时积极吸引社会资本下乡。

建立跨区域转移补偿机制。江苏通过探索不同区域之间跨区域补偿政策，建立生态产品市场化的区域工作联动机制，构建科学合理的成本分摊、利益共享制度，实现发展共享格局，不断推动南中北区域实现均衡发展格局。

推进共建共治共享的城乡区域公共治理机制。推动各级政府在公共服务、公共管理、公共卫生等领域协同合作，构建公共服务与公共产品全覆盖的区域网络体系。同时，加强城乡融合发展，推进城乡要素平等交换和公共资源均衡配置，促进城乡共同繁荣。

江苏通过制度创新来激发城乡区域协调发展的动力，这启示我们在推动区域协调发展时，应注重在国土空间规划和管理、科技创新和成果转化、完善市场机制、公共服务和公共治理机制等多方面不断加强体制机制创新。

（五）注重地区差异，因地制宜推动城乡区域协调发展

江苏坚持因地制宜，针对不同地区、县域、镇村的资源禀赋、发展需求和实际情况，采取差异化、有序化发展策略，有效推动城乡区域协调发展。[①]

江苏根据各市的特点和发展需求，启动实施"一市一策"，通过制定差异化政策、强化政策引导、创新政策支持方式、加强区域合作和

---

① 金世斌、张亚超、边恩江：《统筹推进区域协调发展的江苏探索》，《群众》2019 年第 18 期。

完善政策评估机制等手段，促进各市的经济发展和转型升级，推动江苏整体经济的高质量发展。例如，对于苏北地区，通过制定引导性政策，鼓励发展新兴产业和现代农业，推动区域协调发展。同时注重建立完善的政策评估机制，例如在2018年高质量发展考核中，对苏南苏中苏北提出差异化指标，引导各地特色发展、错位发展。

在县域发展层面，根据不同区域的县城发展特点，江苏将县城分为近郊卫星县城、专业配套县城、重要节点县城和涉农市辖区等类型，并采取不同的措施进行引导。比如，对于近郊卫星县城，江苏将推动其融入都市圈中心城市布局，提升其发展水平；对于专业配套县城，江苏将强化其专业配套功能，以服务周边城市的发展；对于重要节点县城，江苏将提升其经济和人口集聚能力，使其成为区域发展的重要支撑；对于涉农市辖区，江苏将引导其服务周边农村发展，促进城乡一体化。

在村镇发展层面，江苏根据不同区域的资源禀赋和比较优势，制定差异化的产业发展战略，推动形成若干个具有国际竞争力的产业集群和特色小镇，促进区域产业分工合作和错位发展。根据各村镇的实际情况，制定相应的发展策略，包括发展特色产业、推进一二三产业融合发展、培育特色产业链、发挥龙头企业的引领作用及加强科技创新等。鼓励各村镇结合自身优势，培育和发展具有地方特色的产业链。例如，粮油产业链、畜禽产业链、水产产业链和果蔬产业链等。

江苏在推动城乡区域协调发展方面，注重差异化、有序化发展，启示我们需要通过分类引导、制定差异化的政策和产业发展战略等手段，促进各地区、各市、各县城和各镇村的协调发展，推动经济的高质量发展。

思考题：

1. 江苏"1+3"重点功能区建设采取了哪些具体举措？

2. 江苏推进城乡区域协调发展的体制机制创新有哪些？

参考文献

1. 习近平：《摆脱贫困》，福建人民出版社 2014 年版。

2. 习近平：《论中国共产党历史》，中央文献出版社 2021 年版。

3. 习近平：《论坚持人与自然和谐共生》，中央文献出版社 2022 年版。

4. 习近平：《习近平谈治国理政》第 4 卷，外文出版社 2022 年版。

5. 习近平：《高举中国特色社会主义伟大旗帜　为全面建设社会主义现代化国家而团结奋斗——在中国共产党第二十次全国代表大会上的报告》，人民出版社 2022 年版。

6. 习近平：《论科技自立自强》，中央文献出版社 2023 年版。

7. 习近平：《习近平著作选读》第 1 卷，人民出版社 2023 年版。

8. 中共中央宣传部、中华人民共和国生态环境部：《习近平生态文明思想学习纲要》，学习出版社、人民出版社 2022 年版。

9. 中共中央党史和文献研究院：《习近平新时代中国特色社会主义思想专题摘编》，中央文献出版社 2023 年版。

10. 中共中央宣传部：《习近平新时代中国特色社会主义思想学习纲要（2023 年版）》，学习出版社、人民出版社 2023 年版。

11. 福建省习近平新时代中国特色社会主义思想研究中心宁德实践基地：《弱鸟先飞　滴水穿石——〈摆脱贫困〉出版 30 周年暨乡村振兴理论研讨会集萃》，福建人民出版社 2023 年版。

12. 吕风勇：《中国县域经济发展报告（2022）》，中国社会科学出版社 2023 年版。

13. 幸鸣：《共同富裕的中国逻辑》，中国社会科学 2014 年第 1 期。

14. 《创建区域共同富裕的江苏范例》，江苏社会科学 2021 年第 3 期。

15. 《广东促进民营经济高质量发展》，《人民日报》2024 年 1 月 15 日。

16. 江西革命老区高质量发展调研组：《探寻革命老区焕发新活力的密码》，《人民日报》2023 年 10 月 25 日。

17. 《习近平在全国生态环境保护大会上强调　全面推进美丽中国建设　加快推进人与自然和谐共生的现代化》，《光明日报》2023 年 7 月 19 日。

18. 《乘势而上推动"百千万工程"不断走深走实》，《南方日报》2023 年 11 月 7 日。

19. 《中共广东省委关于实施"百县千镇万村高质量发展工程"促进城乡区域协调发展的决定》，《南方日报》2023 年 2 月 27 日。

20. 《宁德跨越——践行习近平经济思想调研行》《经济日报》2023 年 7 月 24 日。

21. 《全力开创县域经济高质量发展新局面》，《经济日报》2021 年 6 月 12 日。

后 记

　　2023 年 4 月，习近平总书记视察广东时强调，"全体人民共同富裕是中国式现代化的本质特征，区域协调发展是实现共同富裕的必然要求"①，要求广东下功夫解决区域发展不平衡问题，在促进城乡区域协调发展等方面继续走在全国前列，在推进中国式现代化建设中走在前列。党的二十大以来，广东省委深入学习借鉴浙江"千万工程"经验，省委十三届二次全会作出实施"百千万工程"的决定，十三届三次全会作出"1310"具体部署并要求纵深推进"百千万工程"，十三届四次全会强调推动"百千万工程"建设加力提速。省委书记黄坤明同志将"百千万工程"作为高质量发展的"头号工程"，强调这是广东的优势塑造工程、结构调整工程、动力增强工程、价值实现工程。

　　习近平总书记在中央党校建校 90 周年庆祝大会暨 2023 年春季学期开学典礼上指出"党校始终不变的初心就是为党育才、为党献策"。中共广东省委党校（广东行政学院）深入学习贯彻习近平总书记视察广东重要讲话和重要指示精神，认真落实省委关于"百千万工程"部署要求，坚守为党育才、为党献策初心，坚持总体谋划，集中优势力量，开展调查研究，形成系列成果，助力省委决策。

　　校（院）委领导部署组建省市党校系统联动的"百千万工程"决策咨询研究专班（以下简称"研究专班"）。"研究专班"由省委党校

---

①《"在推进中国式现代化建设中走在前列"——习近平总书记考察广东纪实》，中华人民共和国中央人民政府网站 2023 年 4 月 15 日。

科研处统筹、决策咨询部牵头、相关部门20名专业教师参与，联动高校和地市党校优势力量，形成搭建一个跨单位跨层次跨专业研究团队、设立一个校（院）重大委托研究课题、开展一系列问题导向型调查研究、撰写一批高质量决策咨询报告、建立一个地区性领域性典型案例库、规划一系列精品教学考察路线、编写一套省市"百千万工程"实践工作知识读本、举办一个专题研讨论坛等"八个一"工作谋划。

"研究专班"成立以来，一是在加强政治理论学习上下功夫。紧紧围绕习近平总书记视察广东重要讲话和重要指示精神，重温总书记光辉足迹，根据校（院）安排，与茂名市委开展联学共建，以学习贯彻习近平总书记重要讲话和重要指示为主题创新开设"柏桥讲堂"，结合推进"百千万工程"和乡村振兴，开展党的创新理论宣传阐释。2023年7月6日，省委主要领导视察茂名市"柏桥讲堂"，走进讲堂教学点，听取校（院）教师汇报，对省委党校在"百千万工程"第一线创新方式方法做好基层宣讲，引导广大干部群众深切体悟总书记深厚真挚的人民情怀，以创新创造活力推进乡村振兴，给予充分肯定。

二是在跟进政策部署要求上下功夫。"研究专班"先后组织开展学习贯彻习近平总书记关于中国式现代化、共同富裕、城乡协调发展等系列重要论述和视察广东重要讲话、重要指示精神的集体研讨，系统学习"百千万工程"等系列文件，观看省直部门主要负责人落实"百千万工程"工作辅导课程视频。在省委党校县（区）长班、乡镇班等班次开展学员集体座谈、个别访谈和书面调研。先后赴广州、深圳、东莞、江门、汕头、茂名、湛江等地开展调研并与地方党政领导、职能部门干部和基层群众开展座谈，形成《广东省"百县千镇万村高质量发展工程"（县区长报告）》等经验材料。根据省"百千万工程"指挥部办公室的要求，配合开展全省"百千万工程"政策评估工作并得到省委、省政府主要领导肯定性批示。

三是在提供决策咨询参考上下功夫。用好多种渠道和多方平台，宣传好、阐释好、建言好"百千万工程"。"研究专班"积极落实省

"百千万工程"指挥部办公室和决策咨询专班相关工作要求，参加决策咨询工作座谈会、建言省专家智库名单拟订，多名教师担任广东省及各地市"百千万工程"指挥部专家智库专家委员、部分教师为省"百千万工程"指挥部办公室和部分地市指挥办开展多次专题讲座，外出地市和基层单位宣讲习近平总书记视察广东重要讲话和重要指示精神，以及广东城乡区域协调发展实践等主题课程100多场次。依托省委、省政府赋予省委党校的咨政"直通车"，先后报送50多篇决策咨询报告，多篇获得副省级以上领导批示。在《光明日报》《南方日报》等主流刊物发表近40篇理论阐述和政策建言文章。召开全省党校（行政学院）系统智库2023年年会暨"实施'百县千镇万村高质量发展工程'促进城乡区域协调发展"研讨会，集聚中共中央党校、广东省党校（行政学院）系统专家学者及广州、茂名、清远等地市"百千万工程"指挥部领导干部共同学习阐释宣传省委"头号工程"。

《"百千万工程"：把短板变成潜力板的广东打法》一书是"研究专班"的成果之一。由中共广东省委党校（广东行政学院）谋划组织编写，得到了广东省"百千万工程"指挥部办公室的悉心指导、各相关地市的热情协助和广东人民出版社的大力支持。陈晓运牵头进行撰写人员分工、书稿框架设计、全文通览修订等，林先扬、黄建宏和王钰文协助开展文字编辑和格式修订等。具体写作分工如下：导论陈晓运。上篇"总体谋划"中第一章姚作林、代凯，第二章张培培、温松，第三章肖棣文，第四章彭春华、林先扬，第五章胡项连，第六章林先扬。中篇"地方实践"中第七章姚作林，第八章邱洋冬，第九章蓝强、刘明伟、池晶，第十章李燕，第十一章刘明伟、张卿。下篇"经验借鉴"中第十二章杜荃深、第十三章易云锋、第十四章王培洲、第十五章王钰文。

推进中国式现代化是新时代最大的政治，坚持高质量发展是新时代的硬道理，其中，城乡区域协调发展的意义之重、涉及之广、影响之远非比寻常。广东实施"百千万工程"观大局、抓机遇、行大道，从开局起步走向加力提速，徐徐展开一幅笃志前行、勠力同心、创新创造的壮美画卷。由于研究者能力水平、素材获取和表达方式的不足，本书窥豹一斑，难免会有疏漏，我们真诚期待研究者和实践者的不吝批评指正。面向未来，我们将继续坚守党校初心、强化使命担当，为推进城乡区域协调发展、书写中国式现代化的新篇章贡献力量。

中共广东省委党校"百千万工程"决策咨询研究专班

2024 年 4 月